내 비즈니스와
삶을 바꾸는
해석의 마법

내 비즈니스와 삶을 바꾸는
해석의 마법

초판 1쇄 인쇄 2025년 9월 25일
초판 1쇄 발행 2025년 10월 1일

지은이 황인선
발행인 전익균

이사 정정오, 윤종옥, 김기충
기획 조양제
편집 김혜선, 전민서, 백서연
디자인 페이지제로
관리 이지현, 김영진
마케팅 (주)새빛컴즈
유통 새빛북스

펴낸곳 도서출판 새빛
전화 (02) 2203-1996, (031) 427-4399 **팩스** (050) 4328-4393
출판문의 및 원고투고 이메일 svcoms@naver.com
등록번호 제215-92-61832호 **등록일자** 2010. 7. 12

값 20,000원
ISBN 979-11-94885-18-4   03190

* 도서출판 새빛은 (주)새빛컴즈, 새빛에듀넷, 새빛북스, 에이원북스, 북클래스 브랜드를 운영하고 있습니다.
* 파본은 구입처에서 교환해 드리며, 관련 법령에 따라 환불해 드립니다.
  다만, 제품 훼손 시에는 환불이 불가능합니다.

내 비즈니스와 삶을 바꾸는 해석의 마법

황인선 지음

'해석이 실체보다 힘이 세다'
해석은 삶을 동기화하는 열쇠!

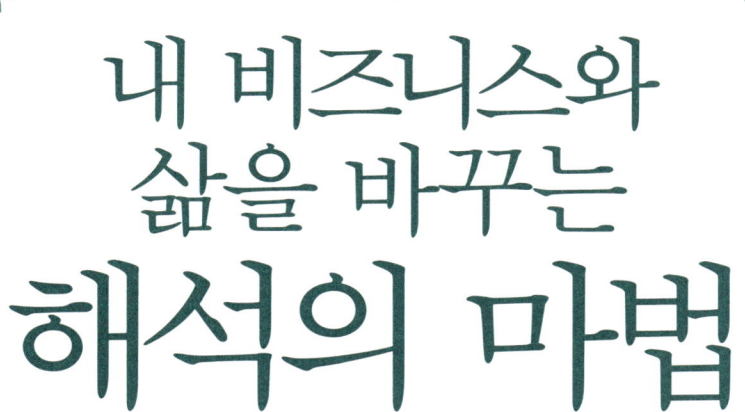

"센 강은
안에서 바깥을 보기
좋은 강이고,

한강은
밖에서 안을 보기
좋은 강이다."

서문

"센 강은 안에서 바깥을 보기 좋은 강이고, 한강은 밖에서 안을 보기 좋은 강이다."

어떤 이의 이 해석은 그동안 서울 한강을 폄하하고 파리 센 강을 무한 동경하던 이들의 생각을 바꿨다.

"샌더스는 미국인의 이상을 말했고, 힐러리는 미국인의 현실을 말했고, 트럼프는 미국인의 속마음을 말했다."

2016년 미국 대선 직후 뜻밖에 트럼프가 당선되자 나온 모 언론의 기사다. 대구법을 써서 트럼프 승리와 타 후보들 실패를 명쾌하게 해석했다. 2025년 대통령 선거 과정에서 봤듯이 선거가 시작되면 거짓말이 난무하는데 거기서 이른바 '해석의 난장'을 실감할 수 있다. 똑같은 TV 토론을 보고도 사람들은 거의 자기 신념 혹은 고정관념에 따라 아전인수 해석을 한다. 언론도 마찬가지다. 해석의 흑마법이 펼쳐지는 것이다. 나는 말한다. "어리석은 자는 믿는 대로 해석하고, 현명한 자는 (팩트를) 해석한 대로 믿는 사람이다."라고.

종교 역시 흑마법 해석의 끝판왕이다. 고대에는 세계에 질서를 부여하던 종교가 어느새 믿음의 장사꾼이 되어 해석을 자의적으로 한다. 미국에서 한 사이비 단체 교주가 특정한 날을 콕 집어 외계인 침공에 의한 지구 멸망을 주장했다. 언론이 이를 보도했고 신도들이 모여 가진 돈을 다 교단에 기부하고 휴거 기도를 했다. 물론 그런 날은 오지 않았다. 사람들이 이를 비웃으니 그 종교 신도들은 "우리 기도로 외계인이 목표를 바꾼 것"이라고 설명했다. 자기들이 지구를 구했다고 한 것이다. 돈은 물론 교주가 챙겼다. 2020년대 들어 개신교 중 일부 교회의 비즈니스, 극우화 경향이 노출되었는데 리처드 핼버슨 목사가 1984년 미국 장로교 총회에서 행한 다음 해석은 개신교의 정곡을 찌른다.

"교회는 그리스로 이동해 철학이 되었고
로마로 옮겨가서는 제도가 되었다.

다음에 유럽으로 가서 문화가 되었다.
미국으로 왔을 때 교회는 기업이 되었다."

하나 더 붙이자면 그 교회는 한국에 와서는 대기업이 되었다.

해석의 위력을 보여주는 가장 큰 이론엔 토머스 쿤 박사가 제기한 패러다임paradigm 이론이 있다. 패러다임은 패턴·예시·표본의 뜻인 그리스어: 파라데이그마$^{παρ\,δειγμα}$를 영어화해 만들어낸 신조어다. 토머스 쿤이 「과학혁명의 구조」(1962)에서 처음으로 제안한 패러다임은 한 시대의 사회 전체가 공유하는 이론이나 방법, 문제의식 등의 체계를 뜻한다. 천동설이 진리로 받아들여지던 시기에 다른 모든 천문 현상은 천동설의 테두리에서 설명되는 식이다. 그러다가 지동설이 나오면서 패러다임은 변한다. 이 거대한 해석 이론 외에도 "오늘은 내가 살아온 날 중 내가 가장 늙은 날이다.", "아니, 오늘은 내게 남은 날 중 가장 젊은 날이다." 같은 경구나 "침대는 가구가 아닙니다. 과학입니다." 같은 에이스 침대 광고 문구 등도 작지만(?) 해석의 힘을 보여주는 사례들이다. 덴젤 워싱턴과 게리 올드만이 주연한 미래 영화 〈일라이$^{\text{The Book of Eli}}$〉에서 덴젤 워싱턴이 가지고 있는 성경을 뺏으려고 노력하는 게리 올드먼에게 악당 부하가 "그깟 책을 왜 그리 얻으려고 합니까?" 묻자, 올드먼은 "그건 책이 아니라 사람들의 마음을 훔치는 무기야."라고 대답한다. 두목과 부하의 해석 차원이 다르다. 스웨덴 영화 〈라이프 오브 시몬〉에서 유대인 소년 시몬은 바다의 안개를 "바다의 슬픔"이라고 해석한다. 그런 해석처럼 그의 인생은 그 후 슬픔의 여정이 된다.

세상을 살다 보면 해석은 실체보다 중요할 때가 있다. 프리드리히 니체는 "사실은 없고, 해석만 있다."라고 했다.

* * *

현실은 괴롭다. 불편하다. 이건 피할 수 없다. 이 현실을 어떻게 해석하는가는 온전히 내 생각과 태도에 달렸다. 그 결과로 인생과 비즈니스가 달라진다. MLB 기록을 다시 쓴 야구 선수 오타니는 쓰레기를 줍는 선수로도 알려져 있다. 사람들이 왜 쓰레기를 줍느냐고 물으니, 오타니는 "쓰레기를 줍는 게 아닙니다. 복을 줍는 겁니다."라고 답했다고 한다. 그에게는 안티가 없다.

대부분 자신이 불행하다고 생각한다. 과연 그 믿음은 사실일까? 글쎄. 시점을 우주적 시점으로 넓혀서 보면, 지구 역사 47억 년 중에서 지금처럼 인간이 살기 좋은 시대가 있었나. 기적처럼 태어난 생명체는 이미 다섯 번의 대멸종을 겪었고 현재 인류 역사 만 년 중 이렇게 전쟁과 전염병, 폭력이 적었던 적도 없다. 가난도 꽤 많이 물리쳤다. 크게 보면 우리는 47억 년 지구 역사에서 가장 행복한 황금시대에 있는 것이다. 이런 해석이 '정신 승리'일까? 경제 불황이 닥치면 한국인은 바로 공황 심리에 빠져든다. 문제를 경제 관점으로만 보기 때문이다. 반면 유럽인은 경제가 아니라 인문이나 자연의 관점으로 돌아가 대처한다. 그 예로 중산층 소멸의 위기가 이미 시작된 독일에서 인기 있던 책이 〈우아하게 가난해지는 법〉(알렉산더 폰 쇤부르크 저)이었다. 비참한 가난과 우아한 가난의 다른 해석이 마냥 정신 승리만은 아닐 것이다. 우리의 불행과 고통은 이렇듯 대부분 자기 해석이 만든 것이다.

* * *

이 책은 개인, 가정 관리부터 비즈니스, 사고법, 신화와 시간 등 영역에서 수백 개 이상의 다양한 해석을 보여 줄 것이다. 나는 광고와 마케팅, 축제와 사회 혁신 등 다양한 분야에서 일을 했는데 그러다 보니 의미 해석 일을 많이 하게 되었다. 축복인지 재앙인지 모르나 힘들면서도 가치 있는 일이었다. 지금도 전국에는 내 해석의 흔적들이 꽤 여러 곳에 남아 있다.

해석의 힘에서 나는 두 가지는 제외한다. 하나는 신앙적 해석이다. 모든 불행과 고통이 신의 뜻이라고 돌리는 것은 포함하지 않는다. 또 하나는 「아Q정전」에 나오는 '정신 승리법'이다. 요즘 밈으로는 '럭키비키의 원영적 사고' 정도 된다. 아Q는 매번 얻어

터지고 무시당하면서 마음속으로 "저들은 바보고 나는 늘 이기고 있다."라고 자기 최면을 건다. 이 둘은 해석의 착각들이다. 오타니가 복이라고 해석만 하는 것이 아니라 현실적으로 쓰레기를 주워 주변을 깨끗하게 하고 본인도 존중받는 것처럼 해야 해석이 나를 바꾼다.

독자 중에서 비즈니스에 관심이 많으면서 성격 급한 독자는 9장~15장, 19~20장, 27장~32장을 먼저 읽어도 좋다.

황인선 씀

차례

	서문	4
	용어 풀이	12
1	멋진 해석의 명언 1	17
2	정체성 1	19
3	정체성 2	21
4	애정 행동	27
5	시인과 고대인	31
6	점점 중요해지는 '가난의 해석'	37
7	운명	41
8	딸의 보이스피싱 사건	51
9	신은 디테일에 숨어 있다	61
10	정상이란 허상	65
11	조직의 두 얼굴	73
12	세상이 행복해지는 평가의 두 기준	81
더보기 1	15세기 이후 세상을 바꾼 해석과 인물들	86
13	2×2 사고법	95
14	Project	105
15	켜와 켜 사이 - 통념과 컬처코드	113
16	거짓말 사회	121
17	관계	133

18	Context is King Kong 1 - 미국은 쥬라기 월드	141
19	Context is King Kong 2 - 맥락의 5 구분	145
20	Context is King Kong 3 - 문학, 인류학, 심리학	151
21	폭력의 해석, 해석의 폭력	159
22	질투와 정열	177
23	스마트의 자식, 스투피드	183
24	중립의 숨은 의미	189
더보기 2 해석학(철학) 연보		195
25	길의 길	207
26	세 개의 별	213
27	마법 같은 Concept	219
28	Creative와 세렌디피티	231
29	멋진 해석의 명언 2	241
30	명품을 만드는 욕망의 사다리	245
31	이름의 마력	253
32	의인화 해석법	261
33	신들의 지구	267
34	시간 해석자	275
35	이것이 모든 것을 바꾼다	285
36	'아무리'와 '그래도' 사이	295

후기   302

용어 풀이

해석

해석의 뜻은 뜻밖에 복잡하다. 일단 해석은 한자로 해석解釋과 해석解析 둘이 있다.

첫 번째 해석解釋은 어학사전엔

: 문장이나 사물, 행위 따위로 표현된 내용을 이해하고 설명함. 또는 그 내용.

두 번째 해석解析은

: 사물을 자세히 풀어서 논리적으로 밝힘.

으로 나온다. 두 번째 해석은 분석이 유의어이며 수리 해석이나 해석 기하학 등의 논리적 용어에 쓰인다. 문장 해석 등에 쓰이는 첫 번째 한자인 해석(영어. interpretation)은 한자 풀이로 보면 그

뜻이 더 명확해진다. 일단 해와 석은 둘 다 훈이 '풀' 해解, '풀' 석釋이다. 그럼 같은 뜻? 아니다. 解자는 한자 풀이 사전을 보면 '풀다'나 '깨닫는다', '벗기다'라는 뜻을 가진 글자로 角(뿔 각)자와 刀(칼 도)자, 牛(소 우)자가 결합한 모습이다. 角자는 소의 뿔을 그린 것이다. 여기에 刀자가 더해진 解자는 칼로 소의 뿔을 해체하는 모습을 표현한 것이다.

반면 釋자는 풀다, 설명하다, 어떠한 사물을 보면 능히 알아낸다는 뜻이다. 釆(분별할 변)자와 睪(엿볼 역)자가 결합한 모습이다. 睪자는 노예를 감시하는 모습을 그린 것이다. 釋자는 감시하거나 선별하는 것을 뜻하는 睪자에 동물의 발자국을 그린 釆자를 결합한 것인데 사냥하는 사람들은 땅 위에 찍힌 동물의 발자국을 보고 어떤 동물인지를 알아낼 수 있기 때문이다. (아래 그림은 네이버백과 한자풀이에 나온 그림)

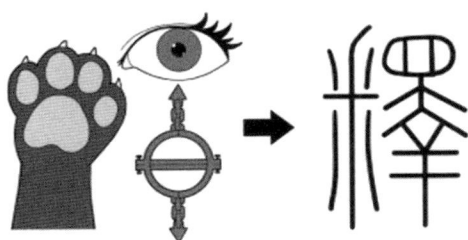

그래서 해석은 어떤 현상이나 문제를 '일단 해체한 후' 거기에 '본질 추적이나 판단의 행위'를 통해 '의미를 부여'하는 과정이다.

해석하려면, 일단 해체하는 것은 재건축을 하기 위해 기존의 낡은 건축물을 먼저 해체하는 과정과 같다. 중요한 것은 해석은 사실과 다를 수 있다는 점이다. 가끔 오해석, 억지 해석도 나온다. "꿈은 해몽이 반"이라는 뜻이나 "내가 그의 이름을 불러주었을 때/ 그는 나에게로 와서/ 꽃이 되었다."(김춘수, '꽃'에서)에서처럼 이름을 불러주는 등이 이 책에서 다루는 해석의 뜻에 해당한다.

해석은 '더 나은 세계나 생을 향한 자기 투사'라는 적극적 의미다. 그런 점에서 유사어인 '관점', '판단' 등과는 구별된다. 관점은 해석의 한 요소이며, 판단은 옳고 그름이나 경중을 재는 사고 기능이지만 거기엔 주관에 속하는 세계관, 인생관은 배제된다. 따라서 이 책에서 해석은 문제 해체-관점-의미 부여-실천 행위로 이어지는 과정을 뜻한다.

해석 특이점

 : 해석과 특이점(singularity. 어떤 기준을 상정했을 때, 그 기준이 적용되지 않는 점을 이르는 용어) 의 합성어. 상황 변화로 해석이 달라져야 하는 순간이나 지점.

해석 특이점의 표현 방식

1. 단언: "작은 것이 아름답다.", "Be stupid!", "Think different"

2. 대구: "센 강은 안에서 밖을 보면 좋은 강이고, 한강은 밖에서 안을 보면 좋은 강이다.",
   "성인에게도 과거가 있고, 죄인에게도 미래가 있다.", "독서는 앉아서 하는 여행이고 여행은 서서 하는 독서다."
3. 차이: "나는 소중하니까."
4. 반전: "배는 항구에 있으면 안전하다. 그러나 그것이 배의 존재 이유는 아니다.", "침대는 가구가 아닙니다. 과학입니다."
5. 우의: 이솝 우화, 동물 농장, 어린 왕자 등

연관 검색어

관점(觀點, viewpoint): 철학이나 사유의 도구로서 해석이란 행위를 지원한다. 통상 "고루한...", 또는 "~을 달리하다." 같은 관용구로 쓰인다. 광고 등에서는 관점 디자인이라는 표현도 쓴다.

그 외 해석과 관계도가 높은 용어로는
: 기호 sign, 마음의 회계 장부 mental counting, 맥락 사고, 문해력, 상징, 식별, 은유, 이해, 인지, 진단, 추리, 판단, 평가, 후시 사고(後視思考, hindsight's thinking. 사건이 일어난 후에 그 의미나 의도를 그럴듯하게 해석하는 사고법. 우연히 성공한 건데 마치 처음부터 기획했던 것처럼 기술하기도 한다), concept, culture code, frame, positioning 등도 연관어이다.

1. 멋진 해석의 명언 1

사실이란 것은 없고, 해석만 있다. ― 프리드리히 니체

'꿈보다 해몽' 혹은 '장님 코끼리 만지기'

나는 행동이 사람의 생각을 가장 훌륭하게 해석해 준다고 늘 생각해 왔다. ― 존 로크

배우는 삶을 해석해야 하며, 그렇게 하려면 인생이 주는 모든 경험을 기꺼이 받아들여야 한다. ― 제임스 딘

모든 과학의 위대한 목표는 최대한 많은 경험에서 얻은 사실

을 최소의 가설이나 원리에서 추론한 논리적 해석으로 설명하는 것이다. ―알버트 아인슈타인

미디어는 아주 큰 바다이며, 마케팅은 그 바다에 띄운 각자의 배들이지. ―박충환

이런 두려움은 우리를 완전히 파괴할 수 있다. 당신은 이것을 벗어나야만 한다, 꼭 그래야만 한다. 만약 당신이 어떤 제대로 된 사람으로 변하길 원한다면 말이다. ―「데미안」에서

미네르바의 부엉이는 황혼 녘에 날아오른다.
― 프리드리히 헤겔 「법철학」에서

제가 더 멀리 보았다면 거인들의 어깨 위에 올라서 있었기 때문일 겁니다. ― 뉴턴이 라이벌인 로버트 훅에게 보낸 편지 중에서

2. 정체성 1

～～～～～～～～～～～～～～～～～～～～

인간은 우리에게
잘 곳을 주고,
먹을 것도 주고,
늘 지켜주고 이뻐해 줘.
인간은 신인가 봐. ─ 개

인간은 우리에게
잘 곳을 주고,
먹을 것도 주고,
늘 지켜주고 이뻐해 줘.
우리는 신인가 봐. ─ 고양이

인간과 함께 사는 두 동물의 다름을 다룬 재미난 유머인데 인간이 해주는 똑같은 사실을 두고도 이렇게 주체마다 해석은 다르다. 정체성이 다르기 때문이다. 개냥이는 변종 정체성이다.

3. 정체성 2

　　모든 개인은 자기 정체성이 있다. 인구 80억 명이 다 정체성이 다르니 세상이 그렇게 다양하고 복잡한 것이다. 전체주의 사회에서 정체성은 죽고 민주화 정도가 높을수록 정체성은 산에 꽃처럼 꽃이 핀다. 개인 정체성을 해석하려면 사회와의 관계를 보아야 한다. 싫든 좋든 우리는 개인적 존재를 넘어 사회적 존재로 살기 때문이다. 1장의 예에서 보면 개는 타자를 인정한다는 점에서 사회적이고 고양이는 반대다. 개인 정체성은 같은 사회라도 시대에 따라 변한다. 내가 만일 조선 시대에 태어났다면 아마 우쭐거리는 시골 양반 꼰대로 살았을 게 분명하다. 그런데 현대에 살다 보니 국문학을 전공하고 광고회사 다니고 마케팅에 축제 감독도 하다 보니 또래들보다는 힙hip하고 유연하게 변했다.

개인과 사회를 다룬 글은 꽤 많은데, 나는 그중에서 유대계 물리학자로 독일의 탄압을 피해 미국으로 간 아인슈타인이 썼던 편지나 기고문을 모은 책 「나는 세상을 어떻게 보는가?」 중 '사회와 개인' 장을 소환하고 싶다, 시대를 떠나 저 심오하고 광대한 우주와 같이 살았을 것 같은 현자는 이 주제를 어떻게 보았을까!

공동체에서 한 사람이 가지는 가치는 무엇보다 그의 감정, 사고, 행동이 얼마나 이웃에 도움이 되느냐에 달려있다. 이 기준에 따라 선하다거나 악하다고 평가하게 된다. 얼핏 보면, 오로지 사회적 자질로만 인간을 평가하는 듯하다.

그런데 그런 태도는 잘못된 것일 수 있다. 물질이나 정신 그리고 도덕에 걸쳐 우리가 사회로부터 얻는 모든 가치의 근원을 찾아 무수한 세대를 거슬러 오르면, 창조적인 한 개인에 이를 것이 분명하다. 불의 사용, 식용작물의 재배, 증기기관 등은 한 개인이 발견한 것이다.

오직 개인만이 사고할 수 있고, 그 결과 사회에 새로운 가치를 창출할 수 있다.

이 내용의 다음 글은 당시 유럽 사회에 나타난 개인보다 사회 중시로 위대한 개인이 사라지고 있으며 이어 인권을 억압하는 징병제도, 이익 집단의 범죄, 대중을 선동하는 신문 등에 대한 비판으로 이어진다. 4P 정도의 기고 글에서 개인을 수식하는 단어와 개인과 대립적인 단어 사용을 보면 아인슈타인이 개인에 대해 생각하는 것을 추론할 수 있다. 개인엔 '나름의', '가치', '위대한', '창조적인', '영적인' 등의 수식어가 붙고 이런 개인에 대한 대립어로는 '공동체', '사회적 동물', '대중', '선동', '징병 제도', '생존 경쟁', '타락 혹은 병적인 징후' 등을 사용한다. 물론 이것은 물리학자면서 유대인이고 사회에 관심이 많았던 아인슈타인의 해석이다. 이것이 늘 항구적인 것은 아니다. 그런데 신기한 것은 이미 100년 전의 것일 이 글들이 지금에도 꽤 잘 맞는다는 것이다.

지금 개인은 다시 위기에 빠져있다. 정체성이 강한 개인 사회 같지만 실제로는 안 그렇다. 여러 분야에서 떼로 몰려다닌다. 20~30 젊은 세대가 입는 검은 색 옷 현상이 그를 일부 드러내며 팬덤fandom과 밈meme 문화도 확장일로 추세다. 팝, 스포츠, 영화, 브랜드, 패션 등 분야를 가리지 않는다. 자기 대신 대리인을 추앙하는 사회! 창의적인 개인 정체성에는 위기이다. 그 요인에는 아인슈타인 당시와는 다른 것이 끼어들었다. 티라노사우루스처럼 너무나 거대해진 사회와 그 속에서 왜소해지는 개인, 컴퓨터와 스마트폰으로 양산되는 소셜 미디어, 슬랙티비즘, 압도적이고 교묘한 마케팅 그물에 걸린 소비 중독, 도전하거나 이타적인 성향보다는 나약하거나 이기적인 개인주의로의 전향 거기다가 AI 에이

전트와 그 배후에 있는 초거대 기업의 공격, 가상 화폐로 삶의 가치를 전도하는 금융 자본, 고장 난 시계공 같은 테크놀로지가 있다. 이건 거의 쓰나미다. 이런 상황에서 개인의 존엄을 해체하고 다시 세우기 위해서 우리가 붙들어야 할 말뚝 혹은 등대 같은 영역이 일단 정체성이다. 정확하게는 정체성의 회복.

해석의 마법

정체성, Identity. 이 영어 용어는 라틴어 'idem'(동일한)에서 유래했다. 인간 개인의 정체성에 대해 눈을 뜨기 시작한 역사는 아무래도 천부인권 사상의 확립 사건부터일 것이다. 그전에는 무슨 집안의 누구 이런 식(고대 전투에서 각 장수가 대오 앞에 나서면 일단 "나는 영웅 ○○의 후손" 어쩌고 읊어 대고 중세 귀족 사회에서도 "나는 백작 ○○ 자식" 어쩌고 수식하는데 그 흔적은 지금도 영미권 사람들의 긴 이름에 남아 있다) 이었고, 가부장은 지금은 믿기지 않겠지만 식구의 생살여탈권을 가졌다. 영어 단어 family는 라틴어로 '한 주인 남자에 딸린 노예 혹은 밭과 가축'을 뜻하는 famulus에서 왔다는 것만 봐도 고대 상황을 짐작할 수 있다. 천부인권은 인간이 태어날 때부터 가지는 하늘이 부여한 자연권natural rights이다. 국가권력이라 할지라도 침해할 수 없으며 국가가 이를 침해한다면 저항권이 인정된다. 18세기 유럽에서 시민 계급의 대두를 배경으로 등장했고 홉스나 로크 등 정치철학자와 루소 같은 계몽주의자들이 주도했다. 이 이후로 개인의 권리도 증대되었다. 이것은 좋은 역사이다. 그런데 우울한 것도 있다.

 기술의 발달과 자아의 약화로 정체성의 과잉이나 포장술이 너무 발달해 타자를 향한 보여 주기 정체성을 자기 정체성으로 착각하는 경향이 늘었다는 것이다. 오늘날 점점 심해지는 뽀샵 기술과 소셜 미디어에 횡행하는 관종 현상이 그를 드러내며 대리인 사회, 팬덤 사회라는 말이 자주 거론될 정도로 나 아닌 누군가를 대리로 내세워 자기 정체성을 만들어가는 현상이 그것들이다. 책을 좋아해서가 아니라 남들에게 보이려고 책을 읽거나 들고 다니는 '텍스트 힙$^{text\ hip}$' 현상까지 나왔다. 이제 AI가 더 발달하면 딥 페이크로 인해 가짜 자아 경향은 더 심해질 것이며 자기 능력보다 과장된 'AI 자아'를 가지게 될 것이다.

 이처럼 약해진 자아는 베스트셀러를 살펴보면 더 자세히 드러난다. 베스트셀러는 그 시대 정체성의 거울이니까. 베스트셀러 중에 아프니까 청춘이다, 하마터면 열심히 살 뻔했다, 무례한 사람에게 웃으며 대하는 법, 죽고 싶지만 떡볶이는 먹고 싶어, 트렌드 리포트, 90년생이 온다 등의 책들이 있다. 어느덧 약해져 위로받고 싶은 청춘, 열심히 사는 것이 조롱받는 트렌드, 사소함, 우울증, 단기 트렌드(사실은 fad다. 트렌드는 기본적으로 10년 정도의 변화를 가리키던 용어)를 좇는 얄팍함과 가벼움, 내가 아니라 ○○년생 같은 집단성이 특이점이 된 세대. "나는 소중하니까"를 말하지만, 사실은 자기 정체성이 꽤 나약하고 왜곡된 시대 자화상이다. 식당도 단골집보다는 셀카를 위한 맛집 1회 방문을 더 선호한다. 주인도 모르고 기계로 클릭 주문하는 것에 그다지 불만도 없다. 사람 간의 터치는 싫다. 잘 알지도 못하는 '친親'들에게 과장해서 보여 주면 된다. 더 문제는 청년 주도의 이 현상에 중년도 끼어든다는 점이다. 이들 역시 자기 정체성이 많이 약해졌다는 증거다. 지금 과연 중년들에게 과거 같은 무게감이 있을까? 없으니 채현국 옹 어록, 〈어른 김장하〉 다큐가 화제가 된다. 꿈을 잃은 시대는 정체성도 잃은 시대다.

4. 애정 행동

애정愛情은 인류를 지탱해 온 동력이지만 요즘 시대엔 뭔가 이상하게 바뀌었다. '러블리Lovely'라는 말이 많이 도는데 그 러블리 대상으로 인기 스타를 사랑하고 반려동물을 인간보다 사랑하는 이들이 확연히 늘었다. 반려동물이 천만 마리가 넘는 걸로 추산한다. 뿐만이 아니다. 애정이 향하는 대상이 이전의 사람, 자식 일변도와는 아주 다르다. 이런 동물 혹은 사물은 본인 정체성을 보여 주는 '반려' 존재이다. 반려는 반쪽 짝, 즉 아주 중요한 동반자를 의미한다. 정체성은 이런 주변 대상과의 관계 맺기 행동으로 드러난다. 존 로크가 "나는 행동이 사람의 생각을 가장 훌륭하게 해석해 준다고 늘 생각해 왔다." 말한 경우에 해당한다.

내 친구 P는 글로벌 대기업에서 리서치 일을 한다. 분석적인 일을 하는 사람인데 그의 일만 보면 그를 오해하기 쉽다. 그는 스포츠를 사랑한다. 하지만 오랫동안 골프, 폴로, 그리고 호수 낚시를 떠나지 않았다. 문화예술, 여행, 봉사에는 관심이 없고 미모의 프로 여성을 좋아한다. 그의 이런 관계 맺기 행동을 통해 말해지지 않는 그의 정체성을 확인할 수 있다.

프랑스와 미국 합작 영화 '레옹'(1995)에서 고독한 킬러 레옹은 방에는 아무것도 두지 않고 화초(아글라오네마)만 하나 키운다. 뿌리가 얕은 그 화초가 자신과 처지가 같다고 생각한다. 일종의 자기 정체성 해석. 그에게 어느 날 이웃집 소녀 마틸다가 가녀린 새처럼 찾아온다. 그 소녀로 인해서 레옹의 삶은 확 바뀐다. 마틸다의 존재 정체성도 사실 화초와 같다. 집에서 도망쳤고 갈 곳 없는 소녀! 레옹, 마틸다, 아글라오네마 이 셋의 정체성은 해석하자면 다 뿌리 없는 화초다. 세상과 격리되어 파괴만 일삼으며 살던 레옹은 결국 자화상 같은 마틸다를 살리기 위해 자신은 죽음을 맞으나 마틸다를 "너는 내 인생의 선물"로 받아들인다. 킬러들을 피해 도망친 마틸다는 품에 레옹의 분신 화초를 안고 햇볕이 잘 드는 땅에 옮겨 심는다. 마틸다에게 화초는 곧 레옹이며 그래서 레옹은 죽지 않는다. 오스트레일리아 판타지 영화 '3000년의 기다림'(2023)에서 알리테이아는 세상의 모든 이야기에 통달한 서사학자지만 중년의 고독한 여성이다. 이웃집 수다스러운 할머니들이게는 건성으로 좋은 이웃 역할을 한다. 그녀는 우연히 마법의 병 속에 갇혔던 지니를 만나 신비한 관계를 맺는다. 그녀는 그전에는 모든 관계에 절망하고 냉소적이었다. 그녀는 지니에 빠져들며 인생을 바꾼다. 화초, 지니 등과의 이런 관계 맺기는 통상 애정을 동반한다. 애정 혹은 관심을 가지면 그에 대한 마법처럼 해석이 달라진다.

  1) 어떤 아이가 도화지 전체를 시커멓게 칠했다. 친구들은 그를 이상한 아이라고 놀려댔지만 미술 선생님은 이를 보고도 그냥 두었다. 다음에도 아이는 다른 도화지를 그렇게 시커멓게 칠했다. 다음에도 또. 미술 선생님은 그 아이가 거대한 흑고래를 그리는 중이라고 해석했다. 그래서 그대로 두었다. ― <빅 픽처> 중에서

  2) GE의 전설적 CEO였던 잭 웰치는 어릴 때 말을 더듬었다. 선생님이 이 문제로 잭 어머니를 불렀다. 어머니는 선생님에게 이렇게 말했다. "쌤, 우리 아이는 말을 더듬는 게 아니고 생각이 너무 빨라서 말이 못 따라가는 거랍니다." ― 잭 웰치 기사

  이런 애정 어린 해석은 세상을 아름답게 만든다.

5. 시인과 고대인

과학 대신 상상을 통해서 세상을 만나는 시인과 고대인은 닮아있다. 그들은 해석력이 남다르며 특히 감성이 탁월한 종족들이다. 슐라이어마허, 딜타이 등에 이어 해석학의 기초를 다진 마틴 하이데거는 후기에 그 자체 존재가 되는 시어에 주목한 바 있다. 이 내용은 '더보기 2'에서에서 더 다룬다.

후에 영국으로 국적을 바꾼 미국 시인 T.S 엘리엇은 유명한 「황무지」 1편, '죽은 자의 매장'에서 4월을 '가장 잔인한 달'이라고 해석했다. "죽은 땅에서 라일락을 키워내고/ 추억과 욕정을 뒤섞고/ 잠든 뿌리를 봄비로 깨우기" 때문이다. 봄=소생, 희망이라고 해석하는 일반인들이 보기엔 역설적 해석이다. 그의 사상은 깊게 고대와 닿아 있다. 그의 시는 쿠마의 무녀sybil, 트리스탄과 이졸데, 익사한 페니키아의 수부, 타롯 카드 등 고대에서 중세인이 만든 각종 신화로 가득 차 있고 신화적 관점에서 그의 시대를 해석했다. 로버트 프로스트는 청년 시절에 갈라진 길에서 이미 '가지 않은 길'의 선택과 회한을 보았다. 갈라진 길을 우리는 일상에서 자주 접하지만 '가지 않은 길'로 해석한 것은 로버트 프로스트가 유일하다. 장석주 시인은 붉어진 대추를 보고는 "대추 혼자 열렸을 리 없다."라며 여름의 번개와 천둥을 소환해서 같이 하는 우주, '공생'의 섭리로 해석한다. 인디언 추장 연설과 인도 명상 문화를 소개한 시인 류시화는 나뭇가지에 앉은 새를 보고 "별일 없이 살아가는 뭇사람들 속에서/ 오직 나만 홀로 흔들리는 것은/ 당신이/ 내 안에 날아와 앉았기 때문이다."('새와 나무')라는 남다른 해석을 했다.

> 인제는 돌아와 거울 앞에서 선/ 내 누님같이 생긴 꽃이여
> ― '국화 옆에서', 서정주

> 이것은 소리 없는 아우성/ 저 푸른 해원을 향하여 흔드는/ 영원한 노스탤지어의 손수건 ― '깃발', 유치환

> 등판에 간장이 울컥 쏟아질 때/ 꽃게는 배 속에 알을 껴안으

려고/ 꿈틀거리다가 더 낮게/ 더 바닥 쪽으로 웅크렸으리라
— '스며드는 것', 안도현

저것은 벽/ 어쩔 수 없는 벽이라고 우리가 느낄 때/ 그때 담쟁이는 말없이 그 벽을 오른다. — '담쟁이', 도종환

태초부터 나의 영토는/ 좁은 길이었다 해도/ 고독의 진주를 캐며/ 내가/ 꽃으로 피어나야 할 땅 — '민들레의 영토', 이해인

거기는 노인을 위한 나라가 아니다. 젊은이들은/ 서로의 품 안에서, 나무 위의 새들은/ -죽어가는 세대들- 노래를 지저귀고 — '비잔티움으로 가는 항해', 윌리엄 버틀러 예이츠

이처럼 시인들의 해석은 대중의 그것과는 사뭇 다르다. 그래서 충격을 주며 세상을 보는 새로운 길을 제시한다.

전쟁과 평화의 시대를 교차로 살던 지중해의 고대인들은 현대인보다 훨씬 시인에 가까웠다. 그들은 주로 운문을 썼다. 시를 지어 읊으며 여기저기 떠돌아다니던 음유 시대엔 운문이 편리했다. 운문이 기억하거나 거리에서 대중에게 들려주기 좋고 한편으로는 세상 모든 존재엔 신적인 음성, 즉 '율律. rhythm'이 있다고 보

았기 때문이다. 영어 리듬은 '흐른다'는 뜻의 동사 'rhein'을 어원으로 하는 그리스어 'rhythmos'에서 유래한 말이다. 넓은 뜻의 리듬은 시간예술·공간예술을 포함하며 신체적 운동, 심리적·생리적 작용과 연관되어 있다. 플라톤은 리듬을 '운동의 질서'라고 해석했다. 산문은 율이 약하다.

    고대엔 오늘날에도 큰 영향을 미친 신화와 전설, 종교 예술 등이 만들어졌는데 이들은 다 고대인의 독특한 애니미즘과 토테미즘 기반의 해석에서 탄생했다. 기원전 수천 년 전 고대 문명의 시초인 수메르부터 그 이후 문명인 이집트, 페르시아, 그리스, 히타이트가 대부분 그랬다. 그 흔적은 길가메시 이야기, 이솝 우화, 일리아스, 시경, 베다(특히 신들에 대한 찬송을 모은 리그베다) 등에서 찾을 수 있다. 그때는 과학이 아니라 신탁과 의미 해석의 시대였다. 곰은 웅담과 가죽으로만 쓸모가 잡힌 오늘날의 베어bear가 아니라 '고마(神의 고어)'로 해석되어 곰 토템, 한민족의 모계 뿌리인 웅녀, "고맙습니다" 인사말 등으로 이어졌다. 번개는 전기 현상이 아니라 잘못을 저지른 인간을 벌하는 제우스, 토르 등 천둥 신의 무기였다. 우리는 그 시대가 물려준 해석의 유산 위에서 2차 창작 중이다. 그런 유산을 가진 이들이 상상력도 풍부하다.

    고대와 중세에 만들어진 오해석의 악도 있다. 갈등과 아집, 신비주의, 악마 오컬트 등도 팩트보다는 의미 해석에서 나왔다. 신화적 관점에서 보면 '가짜 뉴스 신화'다. 오컬트에서 믿는 '솔로몬의 72 악마'는 지금도 대중 매체의 단골 소재다. 헤르만 헤세의 성장소설 「데미안」에 나오는 신 아브락사스(Abraxas. 영지주의의 문헌에서 언급되며, 수탉의 머리에 사람의 몸, 다리가 뱀이고 방패와 채찍을 들고 갑옷을 입은 모습. 뱀 다리가 달린 수탉은 Anguipede라고 하며 페르시아에서 유래. 주 능력은 예언, 마법적인 힘을 다루는 것)도 오컬트 계에서는 악마로 변한다. 그들은 사슴의 뿔, 늑대의 이빨, 사자의 발톱, 밤의 어두움, 안개, 은밀한 소리, 빨간 머리, 여인의 붉은 입술, 피, 노인의 퀭한 눈 등에서 악마성을 본다. 악마성은 세상을 악으로 해석하는 사악한 초대장이 된다. 그래서 피와 전쟁을 부르는 파派. school, 신비 집단들이 생겨났다. 이런 선악의 해석 덕에 지금도 우리는 판타지 마법에 초대되곤 한다.

시와 고대인의 해석법을 잊은 산문형 현대인들은 실용적이고 사실적이지만 좀 공허해졌고 상상력이 약해졌다. 산에 가서 만난 다양한 나무를 탄소 덩어리나 약재로만 보면 무슨 상상이 솟겠나! 상상 없는 세계는 공허하다. 그러니 이 공허함을 달래려면 가끔은 시인과 고대인들 세계로 가볼 필요가 있다. 둥, 둥, 둥-우리가 잊었던 저 쥬만지 세계로, 호그와트 마법 학교로 가는 킹스크로스역 9와 3/4 승강장 벽으로, 나니아로 가는 벽장 속 그리고 앨리스를 끌었던 토끼의 동굴로! 단, 너무 오래 있으면 현실로 못 돌아온다는 것은 잊지 말자.

6. 점점 중요해지는 '가난의 해석'

해석은 원치 않는 실제를 전도시키는 힘이 있다. 바보 아Q가 행했던 '정신 승리'는 가장 낮은 수준의 전도이고 "나에겐 꿈이 있습니다."를 말한 마틴 루터 킹 목사의 해석은 높은 수준의 해석이다.

가난은 우리가 원치 않는 실제다. 나도 가난만은 피하려고 살았다. 어렸을 때 집안이 갑자기 몰락하면서 가난이 무엇인지 경험했기 때문이다. 가난은 꿈을 작게 만들었고 비겁하게 했고 세계를 비참하게 만들었다. 그렇다고 무조건 부를 추구하지는 않았다. 어쨌든 대기업에 다니게 되고 30대 중반 나이에 주식을 하면서 꽤 벌었다고 생각했을 때 나는 주식을 끊었다. 돈 좀 번 지인들이 데이-트레이더로 변신했지만 나는 그 길은 가지 않겠다고 다짐했다. 주식으로 돈을 번 지인들이 집을 계속 옮기며 집을 투자 대상으로 삼을 때도 나는 집은 내가 살 집 한 채면 된다고 믿었다. 땅도 사두지 않았다. 그런 투기 행위는 미래에 올 후배들에 부정행위라고 믿었다. 믿었다는 건 나는 그렇게 돈을 해석했다는 뜻이다.

이제 미래 세대는 앞 세대보다 가난해질 가능성이 크다. 그래서 가난을 바라보는 관점은 삶에 있어서 혹은 사회 운영에서 점점 중요해진다. 사회가 늘 성장하는 것은 아니고 역사를 보면 역성장도 얼마든지 발생한다. 한 인간으로만 보면 가난할 때도 있고 부를 얻을 때도 있고 다시 가난해질 수도 있다. 개인 탓, 운명 탓, 사회 탓 아니면 이 세 개를 더한 탓도 있다. 많은 사람들은 이를 피할 수 없다. 가난과 부가 있지만 행동경제학에서 말하는 '손실 회피 이론'에 따라 말하자면 우리는 언제 올지 모르는 가난에 우선 대비해야 한다. 저축이 답인 것 같지만 그것만으로는 부족하다. 가난에 대한 남다른 해석을 통해 마음의 재앙을 막는 것도 필요하다. 돈 1억을 어떤 사람은 많다고 즐거워하나 어떤 사람은 너무 적다고 불만을 품는 것이 바로 숫자의 주술이다. 지금 한도인 가처분 소득은 프랑스 국민 가처분 소득보다 많다. 그러나 한국인은 "그 나라는 복지가 잘 돼서 그 정도로도 노후가 가능하나 한국은 아니다.", 혹은 "복지에 더해 생필품 물가가 한국보다 싸지 않냐?"라며 불만 이유를 댄다. 이런 사람이라면 늘 적다고 불만을 품게 된다. 선진국 중에서는 특히 한국인이 그렇다. 냄비 문화에 소쩍새 이름처럼 늘 "솥 적다." 한다. 그런 한국인인데 이제 실제 가난까지 온다면 우리는 어떻게 가난을 해석해야 할까?

"가난은 지혜의 어머니다."라는 셰익스피어의 해석은 '지혜가 뭐라고 부가 중요하지.'라고 받아쳐버릴 테고 "가끔 우리는 가난이 굶주리고, 벌거벗고, 집을 잃은 것뿐이라고 생각한다. 원치 않고, 사랑받지 못하고, 보살핌을 받지 못하는 가난이 가장 큰 빈곤이다." 테레사 수녀의 이 말은 "사랑도 받고 보살핌도 받는 부가 낫다는 얘기네."라고 반박할 것이다. 무슨 명언을 들어도 우리는 가난을 원치 않을 것이다. 피카소는 "가난한 사람처럼 사는 부자가 되고 싶다."라는 역설의 말을 했는데 이건 피카소처럼 부자가 되고 나서나 할 말로 들린다. 어쨌든 가난은 싫다. 그러나 만일 운명의 장난으로 정말로 가난이 오면 그를 어떻게 해석할 것인가는 생각을 해 둘 필요가 있다. "가난한 사람들은 세계에서 가장 부유한 사람들이다. 그들은 단지 돈이 없다." 파울로 코엘료의 이 말은 나름 쿨하지 않은가? 혹은 "꿈이 아직 있다면 가난은 오를 만한 사다리다." 해석은 어떤가?

7. 운명

　명언은 사람을 바꾸는 마력이 있다. 감동적인 일화도 마찬가지다. 여러분에게 힌트 삼아 말하자면, 해석을 잘하는 기초는 이런 명언과 어원, 근원 설화 등을 많이 기억해 두는 것이다. 이들은 나 이전에 이미 어떤 현자 혹은 각자覺者에 의해 행해진 해석들이며 그 해석은 수많은 세월을 거쳐 많은 사람들에게 감동을 주고 채택된 것이다. 그러니 그를 모르고서 자신만의 해석으로 뛰어드는 것은 돈키호테 행동만큼 소극笑劇적인 일이다.

　이제 주제로 돌아가서, 앞에서 가난을 봤는데 가난만큼 우리의 공포를 자아내는 테마가 바로 운명이다. 검색하면 운명에 대한 명언이나 경구가 매우 많이 발견된다. 그만큼 뜨거운 주제라는 증거이다. 운명 관련해서 말해진 명언 중에 가장 많이 나오는 단어가 있다. 뭘까? '선택'이다. '환경과 의지' 논쟁 테마처럼 운명은 정해진 것이고 선택은 자유 의지라는 점에서 상대어를 이루기 때문인 듯하다. 다음은 운명 명언 중 일부인데, 유명하며 지적인 사람들이 거의 다 운명에 대한 자신의 해석을 남겼다는 것이 흥미롭다.

운명은 우리가 도망칠 수 없는 유일한 적이다. ― 호메로스

운명은 스스로 선택한 자를 배신하지 않는다. ― 알베르 카뮈

운명은 우리가 만들어가는 것이며 그것이 우리의 인생이다.
― 조셉 캠벨

운명은 우리를 어딘가로 데려가지만, 그곳에서 머무를지는 우리의 선택에 달려있다. ― 롤프 윌슨

운명은 우리의 선택이 불러온 결과물이다. ― 체사레 파베세

운명은 때로 우리가 선택하지 않은 방향으로 이끈다.
― 에밀리 브론테

운명은 우리를 성장시키기 위한 과정이다. — 찰스 다윈

신이 죽고 과학이 지배하는 세상에서 아직도 많은 사람은 운명론을 믿는다.「문재인의 운명」은 노무현 전 대통령과의 30년 동행을 기록한 책으로, 참여정부 비서뿐만 아니라 문재인 인생의 발자취를 담아냈다. 대통령이 되기 전에 출사표로 쓴 (2012) 책 제목이 하필 운명이다. 김정운 교수의「남자의 물건」에 보면 문재인 본인은 바둑이나 두면서 여생을 마치려 했는데 그의 뜻과는 상관없이(?) 운명처럼 된 대통령인 것이다. 그런데 다음 대통을 받은 이는 아예 운, 점, 손금, 주술을 대놓고 홍보하며 다녔다. 결국 파면되는 내란 수괴 운명이었지만 손에 그린 '王' 자에 대한 미련을 끝내 버리지 못했다. 그렇다면, 운명은 인간을 조종하는 신의 설계인가? 그런 것도 같다. 일단 운명運命의 뜻은,

1. 인간을 포함한 모든 것을 지배하는 초인간적인 힘. 또는 그것에 의하여 이미 정하여져 있는 목숨이나 처지.
2. 앞으로의 생사나 존망에 관한 처지

로 나오는데 한자로 운명에서 중요한 단어는 명命이다. 운運은 그냥 군을 움직인다, 이동한다는 뜻이다. 그럼, 무엇에 따라 왜 이동할까? 그 답이 명命 자에 있다. 命자는 亼(삼합 집)자와 口(입 구)

자, ⌐(병부 절)자가 결합한 모습이다. 亼자는 귀한 사람이 사는 지붕을 그린 상형으로 여기에 무릎을 꿇고 앉아 있는 사람(아마도 신탁을 받은)을 그린 ⌐자에 말을 뜻하는 口가 더해진 命자는 대궐에 앉아 명령을 내리는 사람을 표현한 것으로 추정된다. 높으신 이 명령은 내 뜻과 상관없이 목숨을 걸고 해야 한다. 운명의 영어는 fate, destiny 등을 쓴다. fate는 '미리 정해진 삶의 과정', '인도하는 영혼'이라는 의미로, 라틴어 fata(신탁, 말해진 것)에서 유래했다. destiny는 세우다stan란 어근에서 만들어졌다. 신이 세운stan 법칙이기 때문에 완전히de 따를 수밖에 없는 것y이라는 의미다. 여기서 파생어 destination목적지이 나왔는데 이는 어떤 장소에 완전히de 섰다stan는 뜻이다. 영어에서는 두 단어 공통으로 신이 관련되어 있는데 고대인의 해석 백과인 신화에도 당연히 운명이 신격으로 등장한다. 그리스 비극에서 운명이 없다면 비극 자체가 성립되지 않을 정도다. 운명의 신은 운명, 섭리, 우주에서 일어나는 불변의 사건 과정에 거역할 수 없는 설계자로 개입한다. 많은 신화에서 신탁과 예언, 통찰로 미래에 대한 지식을 지닌 것으로 나온다. 주로 여신들이 많은데 그리스 신화의 아난케와 모이라이, 북유럽 신화의 노른, 아일랜드 신화의 모리안, 웨일스 신화의 아르얀로드, 이집트 신화의 토트(지혜의 신에 가깝다), 한국 신화의 가믄장아기 등이 그런 운명의 신이고, 게임이나 SF 등 대중 매체에서도 이런 설정을 받아들여 〈갓 오브 워 시리즈〉, 〈마술사 오펜〉에 나타나는 운명의 세 여신, 〈디아블로 시리즈〉의 이테리엘, 〈매직 더 개더링〉의 클로티스, 〈신과 함께 돌아온 기사왕님〉에서는 메리엘, 〈실마릴리온〉의 만도스 등이 그들이다. 신비감도 주고 또한 불변을 극복하려는 주인공을 돋보이게 하는 설정으로 유용하다. 세 여신 설정이 많은데 이는 3심제처럼 운명을 신중하게 다룬다는 기호다.

이런 신들의 의지에 비해 인간의 힘은 매우 약한데 그럼에도 성공이나 행운에 대한 욕망은 강하여 마음이 흔들리는 개인은 자주 운에 기대다가 안 되면 역으로 운명을 탓한다.

직장인의 운명론

내가 직장인으로 사회생활을 하게 되면서 10년 차 무렵에 들었던 사자성어가 있다.

— 운칠기삼運7技3
— 운.즐.머.노.

직장인들이 죽으라고 안 풀릴 때 자조적으로 쓰는데 나는 이 말이 참 듣기 싫었던 기억이 난다. 나는 노력 신봉자다. 운은 노력의 결과다. 나는 운을 '위대한 손님'이라고 불렀는데 노력을 많이 하고 새로운 시도를 하면 위대한 손님, 즉 운이 찾아온다고 믿었다. 어쨌든 직장인들은 이 두 말을 자주 썼는데 풀자면 운칠기삼은 성공에는 운이 70%, 기술이 30%로 작용하니 능력이 있어도 운이 따라야 한다는 뜻으로 쓰인다. 이것은 더 과장되게 변해 요즘은 '운9기1'까지 올라갔다. 하긴 코로나, 트럼프 같은 블랙스완이 자주 나타나 변동성이 워낙 큰 시대이니 이해는 간다. 운·즐·머·노는 뒤에서부터 해석해서 "노력하는 놈은 머리가 좋은 놈을 이길 수 없고 머리가 좋은 놈은 즐기는 놈을 이길 수 없고 그 즐기는 놈도 운이 좋은 놈은 이길 수 없다."라는 뜻이다. 대부분 사람은 운이 따르지 않으니 힘을 확 빼는 사자성어다. 나는 이 사자성어를 이렇게 해석해서 "아니, 즐기는 것이 습관인 사람에게는 운도 찾아와. 운도 재밌는 거 좋아하거든. 크크. 믿어 봐."라고 후배들에게 들려주었다. 직원들에게 한 말이지만 사실은 나에게 하는 말이었다.

습관+노력> 운명

예전에 어른들은 슬픈 노래를 부르지 말라고 했다. 슬픈 노래를 부르면 결국 슬픈 운명을 맞는다고. 나는 어느 정도 이 당부를 믿는다. 20세기 초 네오리얼리즘 효시로 평가받는 이탈리아 소설가 체사레 파베세는 "운명은 선택의 결과물"이라고 했다. 그는 신화와 현실과의 교착을 주제로 하여 독자적인 서정 세계를 구축, 작가로서 크게 성공한 후 소설의 주인공과 같은 숙명에 처해 토리노의 한 호텔에서 자살했다. 철의 여인으로 불렸던 영국 수상 마가렛 대처는 이 선택이라는 단어 대신 습관이란 말을 썼다.

생각을 조심하라. 말이 된다. 말을 조심하라. 행동이 된다. 행동을 조심하라. 습관이 된다. 습관을 조심하라. 성격이 된다. 성격을 조심하라. 운명이 된다. - 마가렛 대처

나는 이런 말들을 들으면 내가 큰아들에게 초딩 시절에 해준 말이 기억난다. 큰아들이 초딩이 때 같이 아파트 단지 근처 도로 옆을 걸은 적이 있다. 빨간불인데 무단으로 횡단보도를 건너는 중학생이 보였다. 내가 저러면 안 된다고 하니 초딩이 아들이 부러운 듯이 "저 형들은 몸이 빨라서 사고 안 나요." 그래서 나는 "그런데 말이야, 저런 짓은 습관이 되고 습관이 되어 경우의 수가 많아지면 사고 확률은 아주 높아져. 얼마 전에도 바로 조기서 한 고딩이가 건너다가 버스에 치였어."라고 말해줬다. 초딩이 아들한테는 좀 과한 경고였겠으나 이는 무단 횡단을 오랫동안 지켜본 아빠의 해석 사례다.

그러니 직장인들은 운칠기삼, 운즐머노보다 이처럼 습관은 운

명을 결정한다는 주문을 믿어 보자. 그리고 믿는 김에 노력도 운명을 바꿀 수 있음을 다시 한번 믿어 보자. 화투에도 그런 노력 사례가 나온다. 현재 한국인의 국민 놀이인 화투는 16세기 무렵 포르투갈이 일본에 전했던 것을 일본 서민층에서 막부의 규제를 피해 여러모로 변형한 유산이다. 지금도 화투 그림엔 일본 문화와 풍속, 이야기와 상징 원형이 담겨 있다. 그중 12월인 비 패에 나타난 비 광光 그림을 보면 우산 쓴 선비, 구불구불한 시냇가, 개구리, 버드나무가 등장한다. 여기에 바로 노력과 운명 이야기가 담겨 있다. 우산을 쓴 이는 오노도후(小野道風. 10세기 일본의 유명한 서예가)다. 젊었을 때 붓글씨에 몰두했는데 좀처럼 실력이 향상되지 않아 절망적인 심정이 되었다. 포기를 결심하고 여행을 가려고 길을 나섰는데 큰비가 왔다. 물살이 거센 냇가 수양버들 아래서 물살에 쓸린 개구리 한 마리가 수양버들 가지에 기어오르려고 안간힘을 쓰는 광경을 목격했다. 오르려다 미끄러지기를 수십 번. 끝까지 계속 오르기를 시도하는 개구리 모습을 지켜본 오노도후는 '미물인 저 개구리도 저렇게 피나게 노력하는데 인간인 내가 여기서 포기하면 되겠나?' 각성하며 길을 돌아섰다. 그는 붓글씨에 더 정진해 일본 최고의 서예가가 되었다. 개구리를 보고 각고의 노력을 해서 운명을 바꾼 것이다. 「인간관계론」으로 유명한 데일 카네기도 젊은 시절 하는 일마다 안 돼서 투신자살하려고 다리로 가다가 연필을 파는 어떤 소년을 보고 크게 느낀

바가 있어서 가던 길을 돌아서서 인생을 역전했다는 일화가 전해 온다.

운명, 선택, 습관, 노력. 이 네 단어 중 당신은 어디에 당신의 해석 칼을 댈 것인가?

8. 딸의 보이스피싱 사건

개인 그리고 가정을 파괴하는 못된 범죄 보이스피싱 이야기를 해야겠다. 내 친구가 당한 이야기인데 나도 당할 수 있는 사건이다. 경찰은 이에 대해 너무 무력하며 우리 모두의 문제이기 때문이다. 일단 가정에 대한 명언들을 보자.

가족은 작은 일에도 서로를 사랑하고 지지하며 함께하는 것이다. ― 아가사 크리스티

가족은 사랑을 배우는 첫 번째 학교이다. ― 테레사 수녀

가정은 서로를 지지하고 도우며 함께 성장하는 공동체이다.
― 피터 드러커

가정은 인생의 첫 번째 학교이며, 교육의 시작이다. ― 호레이스 만

모든 가정은 서로 다른 이야기와 전통을 가지고 있다.
― 어니스트 헤밍웨이

가정의 다양성은 사회의 다양성을 반영한다. ― 노벨라 조브

반면 특정 기업가들은 가정을 또 다음처럼 혁신적 생산기지로 해석한다. 한국에는 좀 낯선 해석인데 참고할 만하다.

가정은 시대에 따라 변화하며, 새로운 도전에 적응한다.
― 빌 게이츠

가정은 혁신과 창의성을 통해 성장한다. ― 피터 린치

그러나 이것들을 안다고 해서 가족이 지켜지는 것은 아니다. 이런 상황이 있을 수도 있는 게 또 가족이다.

한 여자가 등을 돌리고 세면대 앞에서 뭔가를 먹고 있다. 이를 뒤에서 바라보는 가족은 생각한다.

'우리 엄마는 왜 저런담. 난 저렇게 안 살 거야.' (사춘기 딸)

'엄마, 혹시 뭔가 엽기적인 걸 먹고 있는 거 아냐? 닭 생간 같은…' (호러물에 빠진 아들)

'저것이 나한테는 먹어보란 말도 없이 저 혼자 몰래?' (시어머니)

'당신, 식탁에서 먹을 여유도 없이. ㅠ. 내가 기억할게!' (남편)

엄마이고 며느리이고 아내인 여자의 한 행위에 이렇게 다른 해석이 주어지는 곳이 가족이기도 하다. 가족에는 이처럼 수많은 일과 해석이 벌어진다. 그것은 일종의 사인^{sign}이 되는데 그 사인을 어떻게 해석하고 행동하느냐에 따라서 가족의 운명은 바뀐다.

딸의 보이스피싱 사건

이건 내 친구 K가 겪은 실제 이야기다. 나는 그 일로 K를 다시 보게 되었다. 발단은 K의 26살 딸이 보이스톡으로 당한 보이스피싱 사건이었다. 보이스피싱을 다룬 영화 〈시민덕희〉를 보면 부글부글 끓다가 결국 총책이 잡혀가는 마지막 결말에 속이 뻥 뚫리겠지만 보이스피싱의 진짜 현실에서는 거의 못 잡는다. 돈도 물론 돌려받지 못한다. 그래서 보이스피싱 피해자의 보호자는 나쁜 범죄자와 무능한 경찰, 국가를 탓하다가 결국 피해자에게 화풀이하게 된다. 그런데 K는 이를 계기로 오히려 가족을 더 단단하게 만들었다.

　K 딸은 공부도 잘했고 독립심이 강했다. 대학교를 졸업하고 판교에 있는 스타트업에 다니게 되면서 회사 근처에서 원룸을 얻어 살았다. 늘 바쁘다는 핑계로 명절 외에는 집에도 오지 않았고 용돈도 부치지 않았다. K 부부는 그런 딸을 반은 잃은 셈 치고 살았다. 그런데 딸이 보이스피싱에 걸렸다. 대포폰을 이용한 금융사기 사건을 조사하다가 현장에서 딸의 실명과 핸드폰 번호가 나와서 전화한다는 경찰청 사칭 보이스피싱에 말려든 것이다. 3차에 걸쳐 무려 1억에 가까운 큰돈을 송금해 버린 대박 사건이었다. 사회 초년생이 당연히 그런 큰돈이 있을 수 없으니, 딸은 처음엔 지방 은행, 다음엔 카드사 그리고 3차는 저축은행까지 직장 신용을 걸고 대출했다. 나중에 이를 들은 K가 화가 뻗쳐 "금융사 놈들 미친 놈들, 나쁜 놈들. 네 나이를 보면 뻔히 피싱 사기임을 알 텐데 빌려주다니, 이건 합법적 고리대업자네! (그런데 딸이 네 번째로 빌려려 한 S 은행은 사이버 거래 담당 직원이 바로 사기가 확실하다면서 대출을 막고 다른 은행사들에도 송금 금지 요청을 했다고 함)"라고 막 욕을 하고는 왜 아빠한테 바로 알리지 않았냐고 했더니 "그 경찰이 가족에게 알리면 아빠 엄마까지 경찰에 출두해야 하니 그런 번거로운 일은 하지 말라고, 금방 끝난다." 해서 딸이 그대로 따랐다고 한다. 나도 그 보

이스피싱 사례 뉴스를 TV에서 본 적이 있다. 거기 인터뷰한 피해자는 50대 아주머니인데 경찰청 사칭자에게 속아 무려 1억 4천만 원을 송금했다며 울먹였다. 누가 그렇게 당하나 했더니만 이런 ―. 나중에 들어보니 어리숙한 이들보다는 친구 딸처럼 셀프 영리한 사람일수록 오히려 당하기 쉽다고 한다. 그 피해자 중엔 대기업 직원에 심지어 은행 직원도 있었다.

그 큰돈을 날린 딸을 박살 내려고 별렀던 K는 그러나 겁에 질린 채 집에 와서 어깨를 떨고 있는 딸을 보고는 문득 생각을 달리했다고 한다. '무엇이 중한가. 딸인가 1억인가?' 친구의 바로 이 질문이 이 책 서두에서 말한 문제의 요소를 해체하는 순서 중 첫 단계에 부합한다. 큰돈(경제적 손실), 가정의 본질, 딸의 절망감, 부모의 역할, 이를 지켜보는 동생 등으로 나눠보는 것이다. 이미 돈은 물 건너 날아갔고 못 찾는다. 혼내기만 하면 딸은 두 번 절망하고 20대 폐인이 된다. 그건 절대 노. 그러나 액수가 너무 컸다. 부모로서 그냥 갚아줄 수는 없다. 딸에게 독립된 경제 주체로서 그리고 직장 생활을 하는 성인으로서 아프게 책임을 물어야 한다. 아내는 이러지도 못하고 저러지도 못하고 K 눈치만 살폈다. 갑자기 찾아온 중요한 순간.

K는 사려 깊은 아빠인 척 위장을 했다. "일단 두 자릿수 고리 이자인 카드사와 저축은행은 먼저 갚아주되 은행은 대출 이자율이 낮으니, 별로 그건 네가 조금씩 갚아. 너 하는 거 봐서 나중에

보자."라고 했다. 딸 표정이 그제야 살아났다. 아빠 엄마를 쳐다보는 그 희망과 신뢰의 눈빛. 생각만 해도 K가 멋져 보였다. 그런데 K의 수는 그게 다가 아니었다. 다음이 해석 특이점으로 더 멋진 수였다. "이걸로 반쯤 잃은 딸을 다시 찾는다고 생각하겠다. 이제부터 한 달에 한 번 너는 꼭 집에 와서 가족 식사를 해라", "엄마한테 자주 전화를 걸어서 어떻게 살고 있는지 알려". 그리고 실질적인 해결책을 덧붙였다. "매월 돈 50만 원을 엄마에게 보내서 저금식으로 갚아". K 표현에 의하면 일명 '(사건을 빙자한) 딸 찾기 프로젝트'. 평소 같으면 바쁘고 자기 쓸 돈도 없다고 펄쩍 뛸 딸이지만 그때는 아빠가 하늘에 구세주로 보였을 테니 무조건 넵, 넵 했다고 한다. 그렇게 해서 K는 "돈 1억에 딸 반을 찾은 걸로 의미를 부여하는 걸로 끝냈지. 속은 쓰리지만. 그래도 그런 생각이 들더라. '자식한테 부모가 이런 거라도 힘이 되니 좋은 거지? 그러라고 돈을 저금한 거고' 하는."

K는 중산층이다. 그에게 1억은 큰돈이었다. 아마 이런저런 비자금을 다 털었을 것이다. 그렇게 털어놓은 K 얼굴에 평온함이 느껴졌다.

가정과 해석 이야기를 하려다 보니 이런 사례를 들었는데 과연 이런 상황에서 다른 집들도 그렇게 풀었을지 모르겠다. 돈, 성공의 음모 공동체, 유산을 노리는 자식들과 자식을 불신하는 부모들, 가정 만들기를 거부하는 청년층… 오늘날 가정은 도대체 무슨 의미일까? 드라마 〈SKY캐슬〉을 보면 부와 지위의 대물림 장소, 또 다른 드라마인 〈나의 해방일지〉를 보면 각자 고립된 채 자아를 추앙하고 찾아가는 외로운 토대로 보이며, 옛날부터 기능했던 최소한의 공동체로서 그리고 지식과 문화의 전수자로서 부모상(相)은 애초에 학원 선생, 네(naver) 선생 구(google) 선생과 AI 비서 때문에 상이 지워졌고 거기에 더해 게임과 넷플릭스로 밤이 지배되는 오늘날의 가정은 그냥 돈만 공유하고 각방 쓰는 휴게소일지도 모른다. 부모도 자식도 서로 한숨 쉬며 어떻게 해보려고 하지만 뜻대로 되지 않는 파편화된 공간! 그래서 K가 했던 "자식을 다시 찾은 기분"이라는 말이 공감되며 그런 멋진 해석으로 보이스피싱 위기를 기회로 돌린 친구 부부의 해석에 감탄할 뿐이다.

엄마의 가스라이팅

이와는 완전히 다른 가족도 있다. 몇 년 전 나한테 책 쓰기 코칭을 의뢰한 인연으로 만난 한 여성 H 이야기다. H는 현재 50대 초반 나이. 서울 출신 X 세대다. 그녀는 아버지가 의사고 집안도 부자였는데 늘 어머니에게 무시당하고 평생을 열등감 콤플렉스에 빠져 살았다고 했다. 엄마의 가스라이팅 때문에 매사 되는 일이 없었다고 한다. 엄마가 딸을 타박하는 기준은 "너는 오빠들보다 공부도 못하고(그녀의 두 오빠는 수능 시험에서 전국 10위 안에 든 수재들), 황신혜만큼 예쁘지도 않다."였다. 그녀가 무능하고 못생겼다고? 아니, 그녀는 키 178cm에 서구형 이목구비를 갖췄고 학교는 수도권의 G 대학에서 경영학과를 졸업했고, 피아노를 잘 치며 영어에는 약했어도 다른 재능을 살려 미국 플로리다와 워싱턴의 리츠칼튼 호텔에서 호텔리어로 12년 그리고 코넬 대학원에 입학해 요리와 호텔 경영을 공부했고 후에는 미국의 전설적인 셰프들 식당에서 기획실장을 10년 지냈다. 그런 그녀가 엄마의 그늘에서 벗어나지 못해 한국으로 귀환해 모 식품기업 글로벌 마케팅 부장을 지내면서도 그것을 극복하기 위해 책을 쓰겠다고 나를 찾아온 것이다. 그녀가 쓰려던 책 주제는 '열등감 콤플렉스', '미운 오리 새끼 구하기'였다. 이런 ㅡ.

아, 그녀의 엄마는 진즉 하워드 가드너 교수를 만나야 했다. 하워드 가드너는 개인의 능력을 재해석해 제각기 다른 유형으로 8가지를 제시하고 있다. 언어 지능/논리 ㅡ수학적 지능/공간 지능/신체 ㅡ운동적 지능/음악 지능/개인 내 지능/자연주의적 지능/대인관계 지능이 그것이다. 정서 지능인 EQ라는 기준을 적용해도 좋다. 신은 우리 인간들에게 최소한 남과 다른 재능 하나는 줬다. 아내가 남편을 보는 기준도, 남편이 아내를 보는 기준도 이것을 적용하면 각자의 능력을 존중하게 되고 협업도 이루어진다. H는 책을 쓰면서 점점 엄마의 가스 라이팅에서 벗어나기 시작했다. 책 쓰기로 알아가면서 보니 그녀는 못난 오리 새끼가 아니라 사실은 걸크러쉬^{girl crush} 대상이 될 만큼 멋지고 예의 바르며 강한 여성이었다. 그녀가 최종적으로 출간한 책 제목은 「아무나가 아니라 '내'가 되고 싶어」(소담 출판)이었다.

9. 신은 디테일에 숨어 있다

 '돈'과 '사랑'은 사람이 살아가는 두 에너지이다. 돈과 사랑에 대해서는 고대 이래 수많은 격언이 만들어졌다. 그렇게 오랫동안 수많은 사람이 그 주제를 가지고 말했다는 것은 거꾸로 보면 그 둘이 정말 필요한데, 생각대로 잘 안된다는 것이다. 왜 그럴까?
 일단 돈과 사랑에 대해서 사람들은 말과 행行이 다르기 때문이다. "돈은 필요한 만큼만 있으면 돼."라고 하지만 그 필요한 만큼의 돈을 버는 행위를 잘 하지 않는다. "사랑, 정말 중요하지." 하지만 사랑을 만드는 행위를 잘 하지 않는다. 이 둘을 얻으려면 노력, 일상의 작은 실천 등이 필요한데 실제는 안 그런 것이다. 예로, 필요한 돈을 벌려면 일을 해야 하고, 신뢰를 얻어야 하고, 낭비에 눈멀지 말고, 절약도 해야 하고, 과시욕도 없애야 하고, 필요하면 아쉬운 부탁도 해야 하고, 사기에 당하지 않는 현명함도 있어야 한다. 다가올 미래를 보는 눈도 필요하다. 그래야 필요한 만큼의 돈이 모인다. 사랑도 그렇다. "자기, 내 마음 알지?" 해봐야 그것은 별로 소용이 없다. 매일 한 번 눈을 깊게 맞추고, 따뜻한 말을 해주고, 매일 가볍게 포옹하며, 일주일에 두세 번은 둘이 손을 잡고 천천히 산책하며 농담도 나누고, 기념일을 잊지 않으며, 상대를 위해 요리를 해주지 않는다면 사랑은 말뿐이다. 마음이 힘이 있는 건 그것이 행위로 드러날 때뿐이다. 마음은 흔들리는 갈대 같고 변덕스러운 혀와 같다.

내가 직장인들이나 대학생들 대상으로 마케팅을 강의할 때 곧잘 다음 문제를 냈었다. 마케팅에서 시장 분석에 중요한 3C$_{\text{consumer, competitor, company}}$를 빗대 응용한 질문이다.

"여러분, 결혼할 때 남자가 여자를 고르는 '3 씨' 즉 마음씨, 맵씨(표준어는 맵시), 솜씨가 있습니다."

그럼, 기혼이든 미혼이든, 여자든 남자든 눈이 쫙- 내 쪽으로 도인다.

"이 중에서 가장 중요한 게 무얼까요?"

그들은 어떻게 대답했을까?

거의 하나 같이 "마음씨요."라고 한다. 그래야 속물이라고 욕을 안 먹으니까. 아마도 맵씨라고 생각한 이들이 30%는 넘을 것인데 그들은 그렇게 답하지 않는다. 나는 그들에게 이렇게 말을 해준다.

"여러분 그런 허상을 버리세요. 나는 솜씨를 꼽겠습니다."

"왜요?"

"마음씨나 맵씨는 남자가 돈만 잘 벌어오면 다 만들어지니까요. 안 그러면 마음씨 맵씨 다 무너집니다(웃음). 그러나 여자의 솜씨는 언젠가 내가 힘들 때 또는 그게 아니더라도 나와 집안을 살리거든요."

사람들은 "아하!" 하며 고개를 끄덕인다.

잘 알려진 "악마는 디테일에 숨어있다."라는 말은 독일 바우하우스 건축 학교의 마지막 교장이면서 발터 그로피우스, 르 코르뷔지에와 함께 근대 건축의 개척자로 꼽히는 루드비히 미스 반 데어 로에(이하 미스)의 말이 와전된 것이다. 미스^{Mies}는 그의 건물을 '피부와 뼈$^{skin\ and\ bones}$'로 불렀다. 이성적 접근으로 건축 설계의 창조 과정을 인도하려고 노력했던 그는 "적을수록 많다$^{less\ is\ more}$"와 "신은 디테일 안에 있다$^{God\ is\ in\ the\ details}$" 명언으로도 유명하다. 미스가 건축 현장에서 극히 사소한 일까지 지적하자, 일꾼들이 이를 빈정댔다. 그러자 미스는 "신은 디테일에 숨어 있다"라고 대꾸했다고 한다. 디테일에 대한 멋진 해석이다. 이 말은 후에 "악마는 디테일에 숨어있다."로 변형되어 전해졌다. 솜씨 좋은 사람은 정말로 디테일에 강하다. 디테일은 불편한 행위를 부른다. 그러나 이를 포기하면 숨어 있는 신을 찾을 수 없다. 나이키 광고 2024년 시리즈 '승리는 누구나를 위하지 않는다Winning isn't for everyone' 두 번째 이야기가 이른 아침에 일어나 달려야 하는 러닝의 불편함을 광고하는 '승리는 편안하지 않다Winniing isn't comfortable' 편이다. 광고를 보면 어두운 새벽 일어나야 하는 러너들의 괴로움이 역력히 드러난다. 그러나 거기서 다시 누워버리면 좋은 몸매와 건강을 지키는 승리는 물 건너간다. 어쩌면 멋진 파트너도. 어렵게 일어나 어두운 새벽을 타닥타닥 달리는 사람들! 아마 이런 이들이 돈과 사랑도 얻을 것이다. 오늘날 다수가 피하려고 하는 '불편함'을 달리 해석하면, '신이 숨어 있는 신전'이다. "신은 불편함에 있고, 악마는 편리함에 있다."

10. 정상이란 허상

　인간은 정상으로 대우받기를 원한다. 정상이 아니면 불편하기 때문이다. 과거는 정상이 아니면 사회에서 심하게 배제되었다. 이탈리아 철학자 조르조 아감벤이 말한 '호모 사케르Homo Sacer'가 그를 단적으로 드러낸다. '신성한 인간'이라는 뜻의 라틴어 호모 사케르는 그러나 단어 뜻과는 반대로 고대의 로마법에서 누구나 죽여도 살해의 책임을 지진 않지만, 희생물로는 바쳐질 수 없는 존재를 뜻한다. 아리스토텔레스는 인간은 그냥 먹고사는 문제(오이코스)만 해결하면 되는 동물이 아니라, 폴리스(공공)에서 정치적인 삶을 누리는 것이 가치 있는 삶이라고 주장했다. 폴리스에서 추방당하면 살아 있어도 산 것이 아닌 호모 사케르가 되며, 추방할 수 있는 권력을 지닌 자는 '주권자'다. 주권자는 정상과 비정상을 판단하는 이들이다. 정상이 아니면 추방되어야 하고 그는 누가 죽여도 무방한 벌거벗은 생명이 된다. 그만큼 정상이 되는 것은 중요한 일이었다. 그 '정상'의 뜻은 다음과 같다.

> 정상正常 : 특별한 변동이나 탈이 없이 제대로인 상태.
> 　　영어 normality

동의하나? 그런데 이상하지 않은가? 오늘날엔 특별한 변동이나 일탈은 혁신을 부르는 계기가 되기도 하는데 이를 원천적으로 부정한 말이 '정상'인 것이다. 정상은 그래서 늘 오해의 논쟁이 많을 수밖에 없다. 정상을 뜻하는 영어 normal은 어근이 norm으로 라틴어에서 '표준'을 의미하는 단어였다. 파생어로는 abnormal, enormous 등이 있다. 과학에서는 '수직의' 의미로 많이 사용한다. 어원이 목수들이 사용하던 직각 삼각자를 의미하는 라틴어 'norma'에서 유래했기 때문이다. 한자로 이와 유사한 말이 공工인데 공도 과거에 도구로 쓰던 자 등의 상형이다. 다만, 공은 오늘날 노멀이란 뜻과는 상관이 없다.

위 사전적 정의를 다시 보자. '제대로인 상태'에서 제대로는 결국 해석의 문제다. 무엇이 제대로인가? '뉴 노멀New normal'이란 용어를 보면 '올드 노멀'이 있다는 것이고 그렇다면 뉴 노멀 시대에 올드 노멀은 '제대로 된' 노멀이 아니게 되는데 올드 노멀은 올드

타임에는 제대로인 상태였을 것이다. 시대에 따라 노멀이 바뀐다면 제대로란 정의가 과연 무슨 의미가 있을까?

뉴 노멀과 긱 사회

뉴 노멀은 시대 변화에 따라 새롭게 떠오르는 기준, 표준을 뜻하는 신조어다. 시대 변화에 따라 새롭게 부상하는 표준으로, 2008년 대침체 등 경제 위기 이후 5~10년간의 세계 경제를 특징 짓는 현상에 쓰인다. 그래서 과거에 대해 반성하고 새로운 질서를 모색하는 시점에 등장한다. 저성장, 저소비, 높은 실업률, 고위험, 규제강화, 미 경제 역할 축소 등이 2008 글로벌 경제 위기 이후 세계 경제에 나타날 뉴 노멀로 논의되고 있다. 과거 올드 노멀 사례로는 대공황 이후 정부 역할 증대, 1980년대 이후 규제 완화, IT 기술 발달이 초래한 금융혁신 등이 대표이다. 사회 문화에도 통용될 수 있다. 〈기담〉〈곤지암〉 메가폰을 잡았던 정범식 감독이 말세를 주제로 만든 〈뉴 노멀〉(2023)이란 공포 영화가 이에 속한다. 이 영화는 일본 영화 〈토리하다(소름)〉에 영감을 받아 한국 버전으로 각색한 영화인데 6명의 주인공이 나와서 말세라는 주제를 표현한다. M은 "뭐가…잘못 됐나요?" 물으며 웃지 못하는 미스테리한 여자고 승진은 "다른 사람을 왜 도와줘?"라 말하는 까칠이로 영웅이 되어 볼까 하는 중학생, 현수는 누군가와 연결되길 원하는 취준생, 훈은 인연을 찾아가는 외로운 대학생, 기진은 피핑 톰으로 파렴치한 로맨스에 빠진 취업 포기생, 그리고 마지막으로 연진은 "x 같은 새끼. 죽여버리고 싶다." 외치는 알바생이다. 대충 주인공 캐릭터만 봐도 노멀이 아니다. 그런데 이게 뉴 노멀인 시대=말세라는 것이다.

정상 가족은 구시대 이데올로기에 불과하다는 비판도 나오는 판이다. 사회에서 말하는 '정상 가족'이란, 아빠, 엄마, 그리고 두 명의 정상 자녀로 이루어져 있는 전형적인 핵가족 형태의 가족을 말한다. 사회에서는 이게 이상적인 가족의 모습이고, 이러한 가족의 모습에서 조금 다른 형태의 가족이나 가령 기러기 아빠, 두자녀 가족, 입양가족, 동거가족, 조손가족, 동성결혼 가족과 같은 가족들을 비정상적으로 본다는 메시지를 함의하고 있다. 그러나 외국의 경우에는 이러한 정상 가족의 형태에서 많이 벗어난 형태의 가족들을 자주 볼 수 있고, 스웨덴은 가족 형태의 1/3이 동거가족의 형태다. 한국도 이혼, 동거, 독신 가정이 늘고 있어서 정상 가족이란 용어는 어느새 구시대 '제대로'가 되었다.

여기에 또 긱geek이라는 신종족이 출현하는 판이다. 긱은 영어 속어로, 특히 전자공학이나 지성 등의 한 분야 혹은 여러 분야를 탁월하게 이해하고 있는 특이한 사람을 가리키는 말이다. 한국말로는 같이 긱으로 불리는 긱^{gig}은 임시직을 말한다. 임시직이 많아진 지금을 그래서 '긱 이코노미'라도도 부르는데 이 책에서 관심을 보이는 긱은 geek이다. 옛날에는 카니발에서 닭이나 박쥐, 뱀, 벌레 등을 산채로 물어뜯는 엽기 공연자를 가리켰다. 「아메리칸 헤리티지 사전」의 1976년 판에는 'geek shows'가 등록되어 그 흔적을 보여 준다. 영국 방언 geck에서 유래했는데, 이는 저지 독일어와 중세 저지 독일어에서는 '바보' 혹은 '미친 사람^{freak}'이라는 뜻이다. 이 긱은 이제는 원래 뜻을 잃었다. 긱과 유사어로는 너드^{nerd}, 김프^{gimp}, 드웝^{dweeb}, 도크^{dork}, 스포드^{spod} 등이 있지만, 조금씩 내포 의미가 다르다. 일본의 별종 그룹인 오타쿠도 긱이다. 한국에서는 괴짜, 별종, 별난 천재 등이 비슷한 의미다. 이들의 한자 이름엔 각각 怪, 別, 天 이라는 정상적이지 않은 한자가 들어간다. 과거 정상 이데올로기 시대에 이들은 거의 재앙급 존재로 취급받았다. 그런데 시대가 복잡하게 변하자, 이들에 대한 해석도 막힌 상황을 돌파하는 '지적 전사', '성향 어벤저스'급으로 달라졌다. 그러니 정상이란 말은 시대가 달라지면 늘 허상이 된다.

여러분은 지금 잠깐 책을 덮고 내가 너무 익숙하게 정상이라고 하는 것들이 다른 나라 혹은 미래라면 정상이 아닌 것으로 비칠 걸 스스로 체크해 보라. 내가 잠깐 떠오르는 것만 해도,
— 우리는 밥을 먹을 때 밥그릇을 바닥에 놓고 고개를 숙여 먹는다.

— 한국 학생은 전 세계에서 가장 오래 학원에 다닌다.
— 한국 여자들은 평균 6~7종 이상의 화장품을 쓴다. 서양 여자들은 보통 2~3 종을 쓴다.
— 필러 여인 김건희가 출세했다고 추종하는 팬들이 있다. 그들은 표절도 능력으로 본다.
— 사회는 양성평등을 주장하면서 병역 의무는 남자들만 지고 그 남자들에게는 아무 보상도 안 해주는 유일한 국가다(월급 올린 건 보상이 될 수 없다). 그러면서 20대 남자들이 반사회적이라고 한다.
— 한국 부모들은 자식을 대학교 보내고 결혼식 비용까지 대는 걸 의무라고 생각한다.

등이 있는데 보통의 사람들은 이런 정상(?)에 매달려 산다. 마주 다양한 국가 출신 청년들이 핫한 주제로 다양한 관점의 토론을 펼치는 jtbc의 177부작 〈비정상 회담〉이란 예능 쇼가 그를 패러디하긴 하지만 비정상은 여전히 신박하지 않고 괴랄한 것이며 주류에 끼지 못한다. 살아보면 그건 어쩔 수 없고 또한 그래야 보통 사회가 유지된다는 것은 인정하는 데 그러면 다가오는 새로운 시대를 읽지 못할 수 있다. 그러니 독자들은 '정상이 꼭 정상이 아님' 정도는 기억해 두기를 바란다. 나는 이제 내 아들들이 꼭 결혼해야 한다는 생각은 버렸다. 10년 전 나라면 생각할 수도 없는 비정상이지만 지구가 인구 폭발 지경인 뉴 노멀 시대니까 어쩔 수 없다. 그렇지만 가슴 한구석이 찌리리-한 것은 어쩔 수가 없다.

사족) 한국 20대 남자들이 병역 의무를 지는 건 불평등하다. 여자들도 이스라엘, 스웨덴처럼 병역 의무를 지라는 말이 아니라 이젠 직업 군인제로 바꾸라는 말이다. 정보력, 공군력이 중요해진 시대에 참호나 파는 육군이 그렇게 많이 필요하지 않으며 남성 인권에 대한 침해다. 그게 '뉴 노멀'이다.

11. 조직의 두 얼굴

조직은 특정한 목표를 달성하기 위해 협력하는 인간의 집단, 비슷한 기능을 하는 세포들의 모임을 말한다. 영어로는 'tissue'. 원래는 날실과 씨실로 짠 천의 짜임새란 뜻이다. 그러니까 우리는 비유하자면 날실과 씨실로 만들어진 조직 천에 있는 한 줄인 셈이다. 사회적 동물인 우리는 인생 대부분을 가정, 가문, 학교, 직장, 모임, 지자체 등 조직에서 산다. 이번 장에서 조직은 주로 직장을 뜻한다.

조직 사람들은 거짓말을 많이 한다. 자신과 판을 '잘못 해석' 즉 착각하고 있어서다. 특히 사회적 약자거나 강자들이 거짓말에 가까운 해석을 많이 한다. 이를 나타내는 효과로 '더닝 크루거 효과Dunning–Kruger effect'가 있다. 인지 편향의 하나로, 능력이 없는 사람이 잘못된 판단을 내려 잘못된 결론에 도달하지만, 능력이 없으므로 자신의 실수를 알아차리지 못하는 현상을 말한다. 사회 구성원 중 주로 하위 밑이나 최고 위에 있는 사람들이 자신의 능력을 과대평가하거나 과소평가한다. 더닝과 크루거는 "능력 없는 사람의 착오는 자신에 대한 오해에서 오고, 능력 있는 사람의 착오는 다른 사람에 대한 오해에서 기인"한다고 주장한다. 그게 조직의 실상이다. 내 경험으로 보면 조직은 두 얼굴을 갖는다.

일단 조직의 얼굴 하나를 보자. 윤태호 작가의 직장 고발 이야기인 〈미생〉에는 "먼지 같은 일만 하다가 먼지처럼 사라지는", "직장은 전쟁터고, 바깥은 지옥"이라는 대사가 나온다. 많은 직장인이 공감한다고 했던 대사다. 그러나 내 경험 50%에 의하면 기업 조직은 전쟁터나 지옥이 아니다. 내가 경험한 기업은 아무것도 없던 27살 나에게 최소한 10년간은 돈, 경험과 인맥, 지위 혹은 권위, 품격, 자부심, 신용 그리고 미래를 주었다. 가치, 혁신, 개척, 리더 같은 동기부여도 주었다. 나 혼자서는 얻지 못할 것들이다. 이것들은 내 앞에 수많은 선배가 만든 가치들의 결과다. 조직에 늦게 들어간 이들은 말하자면 거인들의 어깨에서 시작할 수 있다. 그런데 배은망덕하게 직장은 감옥, 닭장, 전쟁터라는 말을 옮긴다면 이는 조직에 대한 배신 해석이다. 지금 사회에서 유명인으로 활동하는 이들 다수가 직장에서 새내기부터 배워 성장한 이들이다. 기업에서 일을 마친 내 지인들도 대체로 편안한 여생을 지내고 있다. 이 경우 직장은 넥타이족들의 지옥이 아니라 아래처럼 해석할 수 있다.

- 거인의 어깨
- 돈 받고 배우는 실전 코칭 센터
- 30년 학교
- 기회의 맹그로브
- 장인 훈련소
- 글로벌로 가는 프로젝트 정류장
- 인생 네트워크의 집합소
- 회삿돈으로 내 가능성을 탐험하는 곳

조직의 얼굴 둘

그런데 세상은 늘 선과 악, 현자와 악마 양면의 얼굴을 띠고 있다. 만일 조직이 위와 같다면 천국일 것이나 꼭 그렇지는 않다. 방심은 금물이다. 조직은 무임승차, 동물 농장, 토사구팽, 피터의 법칙, "악화가 양화를 구축하는 Bad money drives out good money" '그레셤의 법칙'을 따르기 때문이다. 이런 가운데서 창의력과 리더십이 있으며 혁신적인 성향의 구성원은 오히려 조직의 야누스 얼굴을 경험하게 된다. 시간이 오래 가고 조직이 비대해질수록 그런 경향은 강해진다. 이게 조직의 얼굴 둘이다.

이에 참고할 사자성어가 '약육강식弱肉强食'이다. 약한 고기는 강한 것의 먹이가 된다는 뜻으로 수, 당대의 유학자 겸 시인이었던 한유의 '송부도문창사서送浮屠文暢師序'에서 유래한 말이라고 한다. 부도浮屠는 '붓다'의 음역으로 승려를 가리킨다. 당시 문창이란 승려를 빗대 불교를 비판하고 유교를 변호하는 와중에 나온 표현이었다. 오늘날 자연의 법칙처럼 쓰이는 뜻으로만 보면 다윈의 적자생존을 떠올리지만, 이 말은 잘 해석해야 한다. 이 말이 타당한 것은 '한 강자'의 '특정 시점'에만 해당하기 때문이다. 강과 약은 늘 변한다. 다음 같은 경우를 생각해 보라.

— 젊을 때 강한 동물도 늙으면 약해진다.
— 강자들은 보통 한 마리가 다니지만, 약자들은 무리 지어 다녀서 전체로는 약하지 않다.
— 약자들은 갈 데가 없다. 그래서 그들은 필사의 배수진을 치며 결국엔 강해진다.

조직 생리를 아는 사람이라면 고개를 끄덕거릴 것이다. 내가 조직에서 한참 뜰 무렵, 당시 영업국장이 나를 불렀다. 그분은

"황 부장, 지금은 잘 나가니까 아무도 안 건드리나 조만간 당신을 물어뜯을 늑대들이 나타날 거야. 당신보다 약자지만 그들도 살아야 하잖아, 안 그래?"라며 경고했는데 몇 년 후 결과는 실제로 그렇게 되었다. 잠시 강자였던 나는 결국 회사를 나왔다. 지금은 '프리랜서= 셀프 강자'라 착각하며 정글에서 살아내고 있다.

조직은 약육강식이 아니라 이를 뒤집은 '강육약식'의 역counter-피라미드가 만들어지기 일쑤다. 사자는 늘 사자가 아니다. 때가 되면 하이에나의 먹이가 된다. 하이에나는 개미들의 먹이가 되고 개미는 세상에서 가장 작은 바이러스의 먹이가 된다. 역사에도 그런 역-피라미드 사례가 부지기수이다. 초와 한의 대결(오늘날 장기의 배경이 되는 전쟁 역사)에서 유방은 항우보다 절대 약자였다. 약자였던 유방이 인재들의 도움으로 천하통일을 이룬 후 자행한 숙청 사건은 유명하다. 한신은 전쟁 수행에서 유방을 능가했던 명장이다. 장량은 전략을 짜는 데서 유방보다 강자였다. 그러나 천하통일 후 약자였던 유방과 그 일당들에 의해 한신은 비참하게 죽고 장량은 구사일생으로 도망쳤다. 여기서 '토사구팽'이란 말이 나왔다. 로마의 천 년 역사도 이 강육약식 법칙을 비켜가지는 못했다. 네로 황제 시대의 집정관으로서 유명한 철학자 겸 연설가이기도 했던 세네카가 그렇게 당했다. 영화 〈쿼바디스〉에서 주인공 마르쿠스 비니키우스의 숙부로 나오는 원로 페트로

니우스는 역사의 실제에서는 세네카일 것이다. 영화 속 페트로니우스의 죽음처럼 실제 세네카는 자신의 몰락을 직감하고 친구들을 불러 만찬을 벌인 후 의사를 불러 정맥을 자르게 하는데 죽음이 찾아오지 않아 독을 투입한다. 그래도 죽지 않아 열탕에 들어가서 죽는다. 「유토피아」를 쓴 유명한 법률가며 행정가인 토머스 모어는 탁월한 재능을 드러내 젊을 때부터 런던의 민선행정관 대리로 일했다. 공평한 판관이자 빈민의 보호자로서 런던 시민들의 사랑을 한 몸에 받았다. 모어는 공적 영역에서 자신의 역량을 발휘하면서도 종교적으로도 헨리 8세와 갈등 없이 신앙심 깊은 공직인으로 지냈다. 1517년 마르틴 루터가 '95개조 반박문'을 발표하여 종교개혁이 일어나자, 마르틴 루터를 비판하는 편지를 써 보내 헨리 8세가 꽤 기뻐했다. 1529년에 그는 영국 재상이 되었다. 여기엔 당시 헨리 8세의 무도한 이혼 사건이 관계되어 있는데 모어는 그때 중립을 지켰다. 그러나 악명 높은 토머스 크롬웰이 등장하면서 헨리의 태도가 급변했다. 헨리가 결국 이 사건으로 교황권을 부정하자 모어는 대립각을 세웠으며 결국 1532년 재상 자리에서 내려왔다. 1533년 헨리 8세는 영화 〈천일의 앤〉으로 유명한 그 앤 불린과의 결혼을 감행했고 첫 왕비의 사이에서 태어난 메리 공주 대신 앤 불린과의 사이에서 태어난 자식에게 왕위를 계승한다는 왕위계승법을 통과시켰다. 모어는 그 서약을 거부하고 결국 크롬웰에 의해 런던탑 감옥에 15개월 수감된다. 결국

단두대에 선 모어는 "나는 왕의 충실한 종 이전에 하느님의 종으로 죽는다." 선언하고 사형 집행인에게 수염을 잡아 빼고는 당부한다. "내 목은 매우 짧으니 조심해서 자르게."

이게 조직의 냉정한 두 얼굴이다. 파레토의 법칙, 그레셤의 법칙, 피터의 법칙, 더닝 크루거 효과, 무임승차 이론, 가면 효과 등 수많은 법칙이 이를 설명하기 위해 나왔다. 헤밍웨이 소설「노인과 바다」, 영화〈기생충〉등도 이에 해당한다. 윤태호 작가의〈미생〉은 아마도 조직의 두 번째 얼굴에 초점을 맞춘 듯하다. 직장인은 아직 살아있지 않은 바둑돌, 미생未生이다. 미생은 조직의 두 얼굴을 알고 그 시점의 의미와 역할을 잘 해석해 진퇴를 정해야 한다. 그러면 조직의 선한 얼굴에서 득을 취하고 악마의 얼굴에서 화를 피할 수 있다.

12. 세상이 행복해지는 평가의 두 기준

조직에서 평가는 중요하다. 평가는 피할 수 없다. 평가 관련해서 예전에 어떤 친구가 문제를 냈었다.

질문) 거의 질 것 같은 전쟁에서 극적으로 승리한 부대가 있다고 치자. 그 승리에 기여한 장수와 병사들이 있을 것이다. 부대 병참을 차질 없이 수행한 자, 바람이나 비를 예견해 전략을 잘 짠 자, 적의 비밀 위치를 알린 자, 적의 지휘 장수 목을 벤 자, 병사들의 사기를 올린 자, 적을 이간질해 적정을 분열시킨 자. 승리를 한 후 논공행상 시 가장 크게 상을 줘야 할 사람이 누굴까?

이는 승리의 해석점을 묻는 교묘한 질문이다. 이 중에서 성급하게 하나를 고른다면 당신은 하수다. 여기 답은 없다. 핵심은 결과가 아니라 이 문장 처음에 나온 '전쟁에서 질 것 같았던 이유가 무엇인지?'이다. 그래서 그 이유를 해결한 장수가 가장 큰 상을 받아야 한다. 병참이 안 돼서 사기가 떨어지고 사기가 떨어져 불리한 전쟁이었을 수도 있고 아니면 적의 최고 장수가 불세출의 맹장이어서 그를 죽이는 것이 승패를 가르는 전쟁일 수도 있다. 그러니 해석할 때는 뒤를 보지 말고 앞(원인)을 보아야 한다. 그런데 대부분은 뒤(미래 효과)를 본다.

사는 데 참으로 중요한 이 평가는 그런데 늘 실수와 편견, 오류에 기반한다. 한계가 많은 인간의 정실이 개입하기 때문이다. 평가라는 제도를 들여다보면 조직이란 게 참 묘하다는 생각이 든다. 그런 오류 위에서도 조직은 수레바퀴처럼 굴러가니 말이다. 평가가 객관적이라고 철석같이 믿는 이들은 이거 하나는 기억하자.

"아니, 평가의 본질은 해석이다"

20세기 초 혁신적인 '과학적 관리법'으로 불렸던 테일러리즘은 소련 지도자들을 흥분시킬 정도로 과학과 표준화라는 외피를 썼지만, 관리의 실행은 주관적이었고 의도 지향에 오류투성이 었음이 드러났다. 객관적 평가라는 말로 포장하지만, 평가는 늘 말이 많다. 사실과 평가에 객관적이어야 할 역사 기술 역시 이런 오류를 곧잘 범한다. 단군 신화는 사실이 아님에도 공식 역사책에 포함됐다. 신라계 핵심이었던 김부식의 「삼국사기」는 신라 중심으로 고구려 백제를 무시했다. 오늘날 한국인이 배우는 역사 교과서는 일제 강점기에 일본에서 실증사학이라는 미명의 랑케 사학을 배워 한국에 무리하게 적용한 일명 '강단 학파'에 의해 주도된 것이다. 중국, 일본은 중화中華와 대화大和 중심인 나라라 역사 교과서 편향이 매우 심한 나라 중 하나다. 물론 백인/ 남성/ 유럽 중심으로 기술된 세계사 역시 오류 사전이다. 우리 인지와 도덕 체계는 그런 거짓 위에 세워진 것이다. 반면에 우리가 허구라고 알고 있는 신화는 사실 인류 보편적 상상에 기초해 있다. 그래서 버나드 쇼는 "역사는 언젠가는 거짓으로 판명되며 신화는 언젠가는 진실로 판명된다."라는 명언을 남겼다.

평가의 두 기준

평가는 주관적이나 공정하게 하려고 노력해야 하며 미래 지향적이어야 한다. 그런데 이런 것은 너무 교과서적이어서 해석이 주제인 이 책에서 다룰 만한 것이 못 된다. 나는 조직 생활을 한 경험으로 평가에서 '유연함' 그리고 '내 정체성에 맞는 평가 방법 개발하기' 둘을 말해보려 한다.

하나는 리더나 동료에 대한 유연한 평가 이야기다. 현대 중국 정치사에서 두 영웅은 마오쩌둥과 덩샤오핑이다. 둘은 중화인민공화국의 건국 동지였다. 마오쩌둥은 문화대혁명 과정에서 덩샤오핑을 주사파로 몰아 숙청한다. 그 후 1973년 12월 마오쩌둥은 정치국 회의에서 공산당 정치국과 군사위원회의 위원, 국무원 제1부총리로 덩샤오핑을 재등용한다. 그 자리에서 "덩샤오핑 일생을 볼 때 잘한 것이 7, 못 한 것은 3功七過三"이라고 평가했다. 마오쩌둥 사후에 권력을 잡은 덩샤오핑 역시 '공칠과삼'을 언급하며 "마오쩌둥이 만년에 과오를 범했지만, 전 생애를 통해 볼 때 중국공산당 혁명의 아버지로 그 공로가 과오보다 훨씬 많다. 공적이 먼저고 과오는 다음"이라고 평가했다. 이들이 평가 기준으로 세운 공적은 중국 역대 봉건적 왕조를 타파한 공산당 혁명 완수였다. 이 기준으로 둘은 본질에 충실한 대인배 평가를 내린 것이다. 과정에서 희생당한 수억 인민들은 매우 원통하겠지만!

여러분은 그런 관점으로 자신이 속한 조직의 리더들을 평가해 보라. 나한테 잘못한다고 그냥 나쁜 놈, 나한테 평가 잘 줬다고 좋은 분으로 나눠서는 평생 도움이 안 된다. 나쁜 사람이지만 실제로는 조직에 큰 일을 한 상사도 있고 좋은 분이지만 조직에는 없어도 그만인 상사가 분명히 있다. 나의 호오 대신 조직의 미래를 보고 판단하는 건 중요하다.

둘은 나에 대한 평가다. 조직이 나를 평가한다고 내가 그 평가대로의 인물은 아닐 것이니 내가 나를 평가하는 기준이 있어야 한다. 이것은 성과에 기반한 것이므로 '아큐의 정신 승리 법'은 아니다. 내 경우에 나는 1년을 일한 후 다음 네 가지 기준으로 평가했다.

1) 나를 위해서 무엇을 했는가?
2) 조직을 위해서 무엇을 했는가?
3) (나와 조직이 속한) 사회를 위해서 무엇을 했는가?
4) 마지막으로 위에 셋을 통합하는 일을 했는가?

만일 1번만 했다면 나는 기생충 조직원이다. 만일 2번만 했다면 나는 회사 인간이다. 말년이 외로울 것이다. 3번만 했다면 나는 퍼주는 사람이다. 세이브 더 칠드런이나 유니세프 같은 NPO 직장을 알아보는 것이 낫다. 4번 질문에 제대로 응답할 수 있어야 나는 제대로 일을 한 것이다. 만일 이 넷 중 하나도 해당하는 게 없다면 나를 심각하게 리셋해야 한다. 이런 자체 평가를 수행한 나는 해마다 위대함으로 나아갈 것이다.

더보기 1

15세기 이후
세상을 바꾼 해석과 인물들

　세상을 바꾼 여섯 개의 사과가 있다. 1. 원죄를 만든 이브의 사과 2. 트로이 전쟁을 일으킨 도화선이 되는 파리스의 사과 3. 네덜란드 독립 전쟁을 일으킨 배경인 빌헬름 텔의 사과 4. 만유인력을 발견하게 한 뉴턴의 사과 5. 입체주의를 시작한 세잔의 사과 그리고 6. 스티브 잡스가 창업한 애플사가 그들이다. 사과가 바꾼 것은 아니고 그 연관 주체가 만든 것이지만 덕분에 사과는 마법 같은 과일이 되었다. 이런 지위를 누리는 과일은 없었다.

　그럼, 인간의 긴 역사에서 진짜로 세상을 바꾼 해석은 누가, 어떻게 했을까? 그들의 해석 특이점은 과연 무엇일까? 그래서 내 머리를 뒤져 아래처럼 약 60인을 제시한다. 일단 15세기 이후로 시간을 정했다. 15세기는 십자군 운동(1095~1291) 등 탐욕과 광기가 섞인 시대가 끝나고, 중세와 근세를 이어주는 가교역할을 한 르네상스(14~16세기) 중간 시기다. 현재 우리와 밀접히 연결되어 있다. 여기엔 독재자 히틀러와 원자폭탄 투하, 자본주의와 공산주의 간 극단적 대립이었던 냉전 시기 해석도 포함된다. 나열 순서는 출생 연도 順.

▶ 15세기

1. **크리스토퍼 콜럼버스**(1451~1506) 남미 대륙 발견으로 세계 지형의 해석 확장
2. **니콜라스 코페르니쿠스**(1473~1543)의 지동설로 해석의 대전환 마련
3. **토머스 모어**(1478~1535)의 「유토피아」는 오늘날에도 유효한 이상주의 세계

▶ 16세기

4. **프랜시스 베이컨**(1561~1626)이 「노붐 오르가눔」에서 네 개의 우상 타파로 과학적 해석 촉구
5. **윌리엄 셰익스피어**(1564~1616) 햄릿형 인간 창조. 기존 전설·설화의 재해석
6. **갈릴레오 갈릴레이**(1564~1642) 진자의 동시성 및 관성 법칙 발견

▶ 17세기

7. **아이작 뉴턴**(1642~1726) 자연 철학의 수학적 원리로 만유인력 이론 정립
8. **토머스 뉴커먼**(1663~1729) 증기기관 최초 발명. 엔진에 대한 해석 전환

▶ 18세기

9. **애덤 스미스**(1723~1790) 「국부론」에서 이기심과 분업 효과로 자본주의의 장점을 밝히고 「도덕 감정론」에서 자본주의의 약점 혹은 보완점을 지적. 자본주의 용어는 쓰지 않음.
10. **토머스 페인**(1737~1809) 「상식」으로 미국이 공화국으로 독립을 촉구, 독립의 이점을 설파해 식민지 사람들에게 독립 열망을 불어 넣었고 봉건과 왕을 강하게 비판
11. **알렉산더 본 훔볼트**(1769~1859) 근대 지리학과 생태학 개념 창시
12. **게오르크 빌헬름 프리드리히 헤겔**(1770~1831) 독일 관념론 완성. 변증법적 역사 해석
13. **그림 형제**(형 1785~1863, 동생 1786~1859) 동화적 시각의 원조
14. **마이클 패러데이**(1791~1867) 자기 힘으로 전기 발명. 전기 힘으로 에너지, 낮과 밤의 해석에 혁명적 전환을 일으킴

▶ 19세기

15. **에이브러햄 링컨**(1809~1865) 민주주의 원리 선언, 인권의 확장 해석
16. **찰스 다윈**(1809~1882) 창조론을 깨는 진화론으로 생명 역사 해석

17. 카를 하인리히 마르크스(1818~1883) 자본주의에 대한 유물사관 해석
18. 클로드 모네(1840~1926) 카메라 출현 후 인상주의 시작
19. 루트비히 볼츠만(1844~1906)과 에른스트 체르멜로(1871~1953)의 다중 우주 논쟁. 이 개념의 기원은 BC 6세기 그리스 철학자 아낙시만드로스로 거슬러 올라감.
20. 지그문트 프로이트(1856~1939) 성욕과 무의식을 환자 해석의 영역으로 불러옴.
21. 페르디낭 드 소쉬르(1857~1913) 언어가 구조라고 해석
22. 뤼미에르 형제(형 1862~1954, 동생 1964~1948) 최초의 영화 제작(1895년 3월 22일 상영된 '뤼미에르 공장을 나서는 노동자들'은 기록영상이고 현대 영화의 기반을 자리 잡은 최초의 시나리오 영화이자 합성, 컬러가 도입된 영화는 '달 세계 여행_조르주 멜리에스. 1902'으로 평가)
23. 러더퍼드(1871~1937) 원자핵(양성자)의 발견
24. 카를 구스타프 융(1875~1961) 집단 무의식과 원형 개념 제시
25. 알버트 아인슈타인(1879~1955) 상대성 원리. 우주 생성의 이해를 넓힘.
26. 기욤 아폴리네르(1880~1918) 초현실주의 창시
27. 파블로 피카소(1881~1973) 입체파 시각
28. 존 메이너드 케인스(1883~1946) 경제에 정부 개입을 주장해서 혁명을 일으킴. 야성적 충동.
29. 칼 폴라니(1886~1964) 보이지 않는 손 대신 '사회적 경제' 개념 주장
30. 마르셀 뒤샹(1887~1968) 개념 미술 창시

31. **슈뢰딩거**(1887~1961) 파동 역학과 베르너 하이젠베르크(1901~1976)의 행렬 역학
32. **알렉산드르 프리드만**(1888~1925) 팽창(빅뱅) 우주론의 수학적 모델인 프리드만 방정식을 발표.
33. **T.S 엘리엇**(1888~1965) 인식의 역전
34. **아돌프 히틀러**(1889~1945) 아리안족 우월주의에 기초한 인종주의와 반유대주의, 홀로코스트. '악의 평범성(한나 아렌트 제지)' 개념으로 이후 사회, 심리, 전쟁 기술, 문학과 영화, 미술에 큰 해석의 전환을 일으킴. 아리안주의에 영향을 미친 음악가는 독일에 전하는 신화와 전설을 악극으로 재해석한 리하르트 바그너(1813~1883).
35. **루트비히 요제프 요한 비트겐슈타인**(1889~1951) "언어는 복합명제의 총체이고, 복합명제는 원자 명제들의 논리적 결합이며, 원자명제는 이름들의 결합이다. 이렇게 대상과 이름 사이에, 사태와 원자명제 사이에, 사실과 복합명제 사이에 구조적 동일성이 있고, 그 동일성으로 해서 각각 쌍의 후자는 전자를 묘사할 수 있다. 이러한 구조적 동일성으로 해서 '실재는 명제와 비교'되기 때문에, 명제의 참과 거짓을 결정할 기준을 갖게 된다."(논리 철학 논고)
36. **J.R.R 톨킨**(1892~1973) 고대 북유럽 신화 소환과 재구성. 환상 문학의 최고 거인
37. **앨프레드 킨제이**(1894~1956) 인간의 성적 행동과 동성애 연구를 담은 〈킨제이 보고서〉 발표

▶ 20세기

38. 로버트 오펜하이머(1904~1967) 원자폭탄을 만든 맨해튼 프로젝트의 책임자

39. 살바도르 달리(1904~1989) 시간 추상

40. 장 폴 사르트르(1905~1980) 무신론적 실존주의의 입장에서 전개한 존재론으로, 제2차 세계대전 전후 시대사조를 대표

41. 레이첼 카슨(1907~1964) 생태학자. 생태에 관심 촉구

42. 에이브러햄 매슬로(1908~1970) 인본주의 심리학 제창, 욕구 5단계 이론

43. 클로드 레비 스트로스(1908~2009) 구조주의 인류학 창시자

44. 피터 드러커(1909~2005) 기업의 목적은 고객의 가치 창조라는 혁명적 주장

45. 에른스트 프리드리히 슈마허(1911~1977) 작은 것이 아름답다, 중간기술 제창.

46. 토마스 쿤(1922~1996) '패러다임 쉬프트' 주장

47. 리처드 윌리엄 해밀턴(1922~2011) 초창기 팝 아트 작품 활동

48. 가브리엘 가르시아 마르케스(1927~2014) 마술적 사실주의 작가

49. 노엄 촘스키(1928~) 변형생성문법 이론. 좌파 사회 비평가. 미국 양심의 소리

50. 엔리오 모리코네(1928~2020) 영화 음악을 중요 음악 장르로 부상

51. 제인 구달(1934~) 침팬지의 사회성 발견

52. 대니얼 카너먼(1934~2024) 트버스키와 함께 행동경제학 창시자
53. 제러드 다이아몬드(1937~) 조류학자. 총, 균, 쇠로 문명사 해석
54. 리처드 도킨스(1941~) 이기적 유전자, 눈먼 시계공 등 주장
55. 밥 딜런(1941~) 미국 대중문화의 상징. 히피, 반전 문화의 기수
56. 수전 블랙모어(1951~) 문화적 밈 개념 제시.
57. 빌 게이츠(1955~) 컴퓨터 대중화
58. 스티브 잡스(1955~2011) 스마트폰과 앱 시스템 발명
59. 알버트 바라바시(1967~) 네트워크 이론(노드, 허브, 멱함수) 제시

이상은 14세기 이후 700여 년의 기간 중 세상을 바꾼 위대한 해석 중에서 필자가 아는 한에서 그리고 (아무래도) 주관적 해석으로 뽑은 인물이다. 유튜브 등 소셜 미디어 부분은 제외했다. 뽑다 보니 동양 인물은 별로 없다. 그리고 19세기에 태어난 인물들에게서 세상을 바꾼 대단한 해석들이 더 많이 나왔다.

이 안에는 해석이라기엔 좀 애매한 발명 등도 있으나 그 발명이 그 후 세상을 달리 해석하게 유도했다고 생각해 선정했다. 그런 점에서 보면 '사진', '비행기' 발명 등도 넣어야 하는데 최초의 인물을 밝히기 어려워 제외했다. 음악 부분도 텍스트가 아닌 클래식들이 많아 제외했다. 단, 밥 딜런은 히피풍 저항 음악의 선구자란 위상과 가사 텍스트(노벨 문학상! 수상)가 있어서 포함했다. 이

중에서 역사를 바꾼 가장 뛰어난 해석자를 10명 고르라면 당신은 누구를 선택하겠는가?

13.   2×2 사고법

영어 matrix는 1. (숫자·기호 등을 가로, 세로로 나열해 놓은) 행렬 2. (사회·개인이 성장, 발달하는) 모체 3. (체계적으로 그물처럼 엮여 있는 도로 등의) 망網, network을 뜻한다. 영화 〈매트릭스〉에서는 프로그램 이름으로 나온다. 위 2번 뜻이다. 인간들은 태어나자마자 그들이 만들어낸 인공 자궁 안에 갇혀 AI의 생명 연장을 위한 에너지로 사용되고 AI에 의해 뇌세포에 매트릭스라는 프로그램을 입력 당한다. 내용은 1999년의 가상 현실. 인간들은 매트릭스의 프로그램에 따라 평생 1999년의 가상 현실을 살아간다. 프로그램 안에 있는 동안 인간의 뇌는 AI의 철저한 통제를 받는다. 인간이 보고 느끼는 것들은 항상 그들의 검색 엔진에 노출되어 있고, 인간의 기억 또한 그들에 의해 입력되고 삭제된다. 영화에서는 삭막한데 사실 1번 뜻으로 쓰이는 '매트릭스 사고법'은 그렇지 않다. 아주 도움이 되는 해석 도구이다.

'매트릭스 사고법matrix thinking'은 상황을 두 개의 축으로 나눠 4가지 경우로 보는 것이다. '2×2 사고법'이라고도 부른다. 우리는 보통 현상을 두 개의 면으로 나눠서 보는 습관이 있는데 이건 좀 편협하고 위험하다. 그래서 대안으로 매트릭스 사고법이 나왔다. 그러면 상황이 명료하게 해석이 되면서 우리는 좀 더 현명하게 선택할 수가 있다. 대표적인 모델이 1970년대 보스턴 컨설팅 그룹이 개발한 사업 포트폴리오 분석 차트인 'BCG 매트릭스'인데 이는 시장 점유율과 시장 성장률을 기준으로 '물음표·스타·캐시카우·Dog' 네 개로 시장을 구분했고, 2006년에 '미국 미래 가속화 재단'에서는 전 미국 게임업자들의 토론 결과를 받아 증강·시뮬레이션, 외적·내적이란 두 축을 기준으로 '증강현실·라이프로깅·거울세계·가상 세계'로 '메타버스 범주'를 제시한 바 있다. 또한 일반에도 적용이 가능한 버전으로는 「성공하는 7가지 습관」으로 유명한 전략가 스티븐 코비가 '중요한 것'과 '급한 것'을 기준으로 제시한 전략 모델, 잭 웰치 GE 그룹이 제시한 '네 부류의 상사론' 등이 있다. 이 외에도 기업에서 마케팅 전략을 짤 때 시장 세분화에 유용하게 쓰이는 모델이다.

이런 네 가지 경우 사고법이 있는데도 우리는 무심코 1가지 기준만으로 판단해서 선과 악, 좌와 우로 나누며 세상을 양분하기에 대체로 낭패狼狽를 보곤 한다. 낭狼과 패狽는 이리의 일종으로서 낭은 앞다리가 길고 뒷다리가 짧으며, 패는 그 반대이다. 그 두 이리가 같이 걷다가 서로 사이가 벌어지면 균형을 잃고 넘어지는 데서 유래한 말이다.

이 한 가지 기준 사고법의 위험을 지적한 책이 있다. 「클리어 씽킹: 탁월한 결과에 이르는 생각의 디테일」이다. 저자는 통찰을 행동으로 옮기는 데 주력하는 인기 웹사이트 '파남 스트리트(Farnam Street. 오마하에 있는 거리 이름. 근처에 워런 버핏이 거주)'의 설립자 셰인 패리시이다. 그는 워런 버핏, 레이 달리오, 대니얼 카너먼, 빌 애크먼 같은 거인들과의 인터뷰와 행동경제학에서 우리에게 도움이 되는 의사 결정법을 주장한다. 그것이 '명료한 사고법'이라는 클리어 씽킹 Clear thinking이다. 보통 사람은 대체로 인간 본성의 기본값에 따라 '반응'한다. 편안함을 좇아 답보하는 선택을 하거나 이성보다 감정에 반응해 결정을 내리고, 내 위치를 위협하는 것이라면 최선이 아닌 차선을 택한다. 좋은 결정을 가로막는 인간 본성의 기본값을 바꾸는 멘탈 습관으로서 클리어 씽킹 중 하나가 바로 매트릭스 사고법이다. 하나나 이분법이 아니라 늘 네 개의 상황을 상정하는 습관.

네 부류의 사람

이제 이 매트릭스 사고법이 실제 현실에서 유용하게 쓰인 예를 보자.

나는 2024년 말 이후 갑자기 (안 좋게) 화제가 된 충암고등학교를 졸업했다. 강북 구석진 곳에 있는 학교다. 내가 고등학교 3학년 때, 나는 우리 학교가 우리 앞에 1년 선배, 우리 학년 그리고 다음 학년 합쳐서 3년간 매해 연속 150명씩 이른바 SKY(분교 포함)를 3년 연속 입학시키는 신흥 명문 고등학교가 될지는 전혀 생각지도 못했다. 흥분과 불안의 학년, 새 학기를 시작할 무렵에 최태인 교장 선생님이 교실로 들어오셨다. 늘 온화하게 웃으시고 이광수가 썼던 동그란 안경을 쓰고 계신 분이다. 그날 "공부 열심히 해서 일류 대학 들어가 학교 이름을 드높여달라." 할 줄 알았더니 전혀 뜻밖의 말씀을 하셨다.

"여러분, 세상엔 네 종류의 사람이 있습니다."
"???"
"주기만 하고 받지 않는 사람, 주기도 잘하고 받기도 잘하는 사람, 주지는 않고 받기만 하는 사람, 주지도 않고 받지도 않는 사람. 이 중에 어떤 사람이 가장 위험한 사람일까요?"

이게 매트릭스 사고법인데 그때는 몰랐다. 사람을 '잘 주는'과 '안 주는'이란 축, '잘 받는'과 '안 받는' 축의 두 개로 나눈 것이다.

우리 반 친구들은 못된 놀부를 떠올리면서 당연히, "받기만 하고 주지 않는 사람이요."라고 답했다. 그러나 교장 선생님 말씀은 달랐다.

"그럴까요? 정작 위험한 사람은 주지도 않고 받지도 않는 사람입니다. 받기만 하고 주지 않는 사람은 언젠가는 미안함을 느껴 주기도 하거든요. 주지도 않고 받지도 않는 사람은 독립적인 것 같지만, 그런 사람은 결국엔 공동체를 무너뜨리는 사람입니다."

세월이 꽤 흐른 지금도 나는 그때 교장 선생님이 하신 말씀을 잊지 못한다. 세상의 많은 사람은 받기만 하고 잘 주지는 않았다. 그건 친구라는 인간들도 마찬가지였다. 상처도 받았는데 동물성 인간은 원래 이기적이고 그 이기성은 생존에 대한 두려움과 불안 때문일 것으로 여겨 자연스럽다고 인정했다. 나도 아마 누군가에게는 그랬을 테니까. 드물게 주기만 하고 받지 않는 사람이 있다. 누굴까? 부모다. 내 어머니도 그랬다. 헌신적인 어머니만 생각하면 눈물이 난다. 그런데 아뿔싸. 이것이 독이 되기도 한다. 막장 드라마에 아내 역성을 드는 아들에게 눈 시퍼렇게 뜨고 "이놈아, 내가 안 먹고 안 입고 너한테 해준 게 얼만데 이런 짓을 나한테?" 하는 엄마가 이런 부류다. 주기만 하다가 이제 받으려고 하는 것이다. 주지도 않고 받지도 않는 극단적 사람은 가끔 있었는데 오만하거나 독선적인 사람들이었다. 코쿤화, 오타쿠 시대라

더 많아졌는데 이런 사람의 역사는 사실 제법 된다. 우리는 미국을 개인주의가 강한 사회로 생각하는데 이 개인주의는 미국의 초베스트셀러 「아틀라스」 등을 쓴 에인 랜드(1905~1982)가 주장한 객관주의 objectivism에 잘 표현되어 있다. 객관주의는 철학적으로는 오류투성이지만 미국의 자유 지상주의, 신보수주의에 큰 영향을 미쳤고 엘리트층에도 침투해 미 연준 위원장 중에도 에인 랜드 신봉자가 있었다. 그래서 참고 글을 보탠다.

*참고) 객관주의: 에인 랜드가 소설에서 주장했고 랜드의 지적 후계자로 지명된 철학자 레너드 피코프가 형식적인 구조를 잡았다. 중심 주장은,
— 존재론: 실재란 의식과 독립적으로 존재하고, 인간은 감각을 통해 실재에 접촉한다.
— 인식론: 감각을 통한 접촉으로 개념을 형성하고 귀납 논리 과정을 거쳐 객관적 지식을 얻는다.
— 윤리학: 도덕적 목적은 그 자신만의 행복을 추구-합리적 이기주의-하는 것이다.
— 정치학: 자유방임 자본주의 야경국가 옹호

강단 철학자들은 이 주장들에서 ▲감각과 의식에 관한 충분한 상호 연관성을 고려하지 않았으며 ▲이원적 체계 속에서 실재

를 향한 자유의지(의식의 영역)의 추구를 주장하는 내적 모순 ▲동 주장으로는 자유방임 자본주의의 당위성을 확립하기 어려움 등을 지적한다.

에인 랜드가 쓴 또 다른 소설인 「파운틴 헤드」(1943)에서 주인공은 이렇게 말한다. "인간이 서로에게 할 수 있는 유일하게 좋은 것, 그리고 적절한 관계에 대한 유일한 표현은 이렇다-'간섭하지 마!'" 요즘 오타쿠들이 듣기에는 쿨cool하게 들릴 테지만, 만일 젖먹이가 젖 물리고 있는 엄마한테 눈 동그랗게 뜨고 "간섭하지 마!"라고 말한다면? 회사 사장이 직원들 근무 방식을 어떻게 할까? 물어보는데 신입 직원이 "간섭하지 마" 한다면?

교장 선생님의 '네 부류 사람' 론을 지구와 인간관계로 확장해 본다. 지금은 기후 위기 시대다. 역대 최악으로 평가될 트럼프와 일론 머스크 등이 기후 위기론을 음모론으로 치부하는데 똥과 된장을 구분 못 하는 악당들이니 그렇다 치자. 인간은 지구에 수십만 년 이상 주지는 않고 받기만 하는 이기적인 존재였다. 처음엔 완만하다가 15세기 대항해 시대를 지나 19세기 이후 산업화를 겪으면서 인간은 막가파 사채업자처럼 지구를 갈취했다. 난방과 건설, 제지 산업을 위해 세계 삼림을 남획하고 소를 먹이려고 땅을 파헤쳤으며 총과 약과 기름으로 지구 생물종 40% 이상을 멸종시켰고 반려라는 이름으로 다양한 생명종을 인간 기호에 맞게 단순화시켰고 수억 년 땅속에 깊이 묻힌 석유, 석탄들을 마구 뽑아 올려 에너지로 삼고 대신 지구에는 탄소만 돌려줬다. 그 지구의 모습을 인간으로 치환하면 이와 머리카락은 군데군데 뽑히고 피부는 상했으며 팔은 일부 마비되고 다리는 절룩이며 갈비뼈 일부도 빠진 그런 처참한 모습 아닐까. 나는 아니라고? 노. 차를 몰고 다니며 비행기를 타고 과도하게 음식을 섭취하며 로켓 배송과 다이소를 애용하며 집과 몸을 온통 브랜드로 채운 나도 당신도 그에 일조했던 것은 분명하다. 그런데 단 하나의 지구만 있을까? 이 맘 지구를 또 매트릭스로 보면 어떨까?

1. 은혜만 주고, 벌은 안 주는 행성
2. 은혜를 주지는 않고, 벌만 주는 행성
3. 은혜도 잘 주고, 벌도 잘 내리는 행성
4. 은혜를 주지도 않고, 벌도 없는 행성

화산 폭발과 대홍수가 끝나고 수십만 년 동안 지구는 인간에게 1번 엄마 같았다. 그런데 이 꼴이 되었다. 그 엄마가 드디어 못 참고 터트리기 시작했다. 곧 2번 행성으로 될지도 모른다.

"인간들아. 내가 너희를 어떻게 먹여 살렸는데 나한테 이 무슨…"

2번 엄마 지구의 분노 결과는 막장 드라마 파국과는 상대도 안 될 것이다. 나이 겨우 몇만 살밖에 안 된 호모 사피엔스 인류는 고생대 중생대 엄마의 진짜 분노를 겪어보지 않았다. 지구 엄마가 한참 젊었을 때 우주와 싸우며 수시로 번개를 치고 하늘을 잿빛 구름으로 덮고 지구를 꽁꽁 얼려버린 적도 있고, 우주 혜성과 부딪혀 몸의 일부를 빼내 달을 만들어 인력을 만들고 또는 거대한 규모의 지진을 일으키고 대륙을 쪼개 이동하게 하고 화산을 터트려 무지막지하게 뜨거운 용암을 흘렸던 때가 있었다. 신화에 전하는 대홍수 사건과 화산 폭발은 일부다. 그 무서운 공룡들을 잔인하게 없애버린 무서운 엄마고 그동안 다섯 번 생명을 멸절했던 난폭한 엄마이기도 하다. 그런 엄마를 우리는 갈춰만 했다.

그날 교실에서 교장 선생님이 마지막으로 물으신 게 있다.
"세상에서 가장 바람직하게 사는 부류의 사람은 누구일까요?"
우리는 흥부나 신데렐라 그리고 역사상 선인들을 떠올리며 이렇게 답했다.
"받지는 않고 주기만 하는 사람이요."
선생님은 여전히 온화하게 웃으시며 이렇게 말하셨다.
"아니. 잘 주고 잘 받는 사람입니다. 그래야 세상엔 선의가 소통되고 공동체가 살아나는 겁니다. 하나만 하면 결국엔 독이 생깁니다."

14.   Project

"실패 속에 성공의 씨앗이 있고, 성공 속에 실패의 열매가 있다."
"지적인 사람이 사업에 성공하는 것이 아니라, 맷집 좋은 사람이 사업에 성공한다."

이것은 현실에서 성공 혹은 실패로만 이분법 판가름 나는 프로젝트와 사업에 관한 나의 깨달음이다. 프로젝트project는 '앞으로pro', '던진다ject'는 뜻이다. 스스로를 앞으로 던지는 사람은 이제까지 경험하지 못한 세계로 전진해야 하므로 강한 자기 주관성과 미래 해석으로 나갈 수밖에 없으며 또한 실패 속에서도 성공의 씨앗을 찾아 보존하고 성공 속에 몰래 자라난 그 열매를 볼 줄 알아야 한다. 이런 입체적 과정이 (미국인이 비웃고 일본인들이 차가운 계산기를 두들길 때) 박정희, 박태준 포철 회장, 정주영 회장 등이 1% 가능성도 안 됐던 국가 재건 프로젝트에 성공했던 이유일 것이다. 프로젝트 성공에 있어서 해석은 강력한 연료와 나침반 역할을 한다.

나의 상상 프로젝트

내가 K 기업 마케팅 기획부장으로 옮겼을 때다. 회사는 100여 년 된 공기업이었는데 심각한 위기를 맞고 있었다. 독자들에게 여러 번 말했듯이 위기 때는 'Better보다는 Only' 해석점을 찾아야 한다. 내가 본 위기의 핵심은 두 가지였다. 하나는 글로벌 기업들에 시장을 개방한 대가로 젊은층 시장이 심각하게 잠식 증이라는 점, 또 하나는 우리 강점을 모르고 지레 패배감에 빠져 있었다는 점.

K사는 그걸 젊은 층이 좋아할 신제품을 출시해 브랜드로 막으려고(이것 역시 일종의 시장 해석) 브랜드 마케팅을 전개하기 시작했다. 일부 성과는 있었지만, 그러나 역부족이었다. 젊은 소비자의 이탈이 브레이크 없이 진행 중이었다. 그들은 일단 국내 브랜드 특히 공기업을 구리다고 보고 있었다. 안흥찐빵에서 만드는 신제품으로 파리바게뜨를 이기려는 꼴이라고나 할까! 나는 1년을 지켜보다 질문을 다시 했다. 과연 우리가 서툰 브랜드로 글로벌 D 세대가 동경하는 글로벌 브랜드를 이길 수 있을까? 우리끼리만 쓰는

표현이긴 한데 100년 국민기업에 답이 있는 건 아닐까? 진짜 국민 기업이라면 무엇을 해야 할까? 그 질문 끝에 나는 다른 해석점을 찾았다. 그때 막 민영화에 맞춰 TV 광고를 홍보실에서 했는데 광고 문구가 "대한민국의 젊은 상상을 응원합니다."였다. 그래서 내 해석 특이점은 '새 기업 가치 세우기'였다.

그래서 여러 시행착오 끝에 시장을 두드린 것이 이른바 '상상 프로젝트'라는 문화마케팅이었다. 문화마케팅이라는 장르 이름은 이후에 붙여진 것이었다. 서태지와 함께 동해상에 배 3대를 띄워 800명 젊은 참가자를 태우고 블라디보스토크에 가서 공연했던 '서태지와 상상체험단', 대학생 대상으로 했던 '마케팅 스쿨', 온라인에 만든 '온라인 상상 마당'과 그 성과를 받아서 홍대 앞에 만든 '상상 플래닛-상상 마당' 그리고 여러 문화 명사와 함께 한 '콜라보 브랜드' 출시 등이 그것들이었다. 부분적으로 난항과 착오, 모욕도 있었지만 대체로 결과는 성공으로 끝났다. 그때는 몰랐지만 지금 생각하면 그것은 당시 상황에 대한 '기업이 브랜드보다 먼저'라는 다른 해석 때문이었던 것 같다. 이 글의 맨 앞에 쓴 "실패 속에 성공 씨앗 있고 성공 속에 실패의 열매가 있다."라는 깨달음도 그 과정에서 체득한 것이다. 맷집의 중요성도 함께. 머리가 아니다. 사업은 맷집이 우선이다. 많이 맞으면서 버티기.

춘천마임축제, 춘천은 어디에 갔나?

몇 년 후 나는 회사를 그만두고 기업을 떠났다. 밀렸던 독서도 하고, 국내외 축제도 보러 다니고 요리도 하면서 셀프 충전을 하고 먹고는 살아야 하니 간간이 중소기업 자문 역으로 소액을 벌며 지내다가 뜻밖에도 춘천마임축제 총감독 제의를 받았다. 들어보니 30년이 다 된 명문 축제 춘천마임축제가 흔들리고 있던 것이다. '나는 축제를 잘 모르는데…' 한 달을 고민하다가 그 직을 받아들였다. 기업 출신 마케터가 유명 축제 총감독을 바로 하게 된 것은 내가 최초였을 듯싶다. 사실 나는 축제 애호가이긴 했어도 전문가로서 축제는 잘 몰랐다. 고민했으나 나답게 하자고 결심을 굳혔다. '나답게'가 무엇이었을까? 그건 해석이라는 문제였다. '그래, 또 해석점을 찾아보자.'

얼마간 여러 자료를 통해 마임과 한국 축제 현황을 파악한 후, 나는 30년 된 그 춘천마임축제부터 새로운 해석이 필요하다고 생각했다. 내가 흥미롭게 읽은 문화혁신전략 책 〈컬트가 되라〉(더글라스 홀트 저)가 인사이트를 주기도 했다. 나는 거기에 더해 이름 재해석이라는 해석점을 찾았다. 새로운 해석점의 힌트는 대부분 (우리가 너무 익숙한 바로 그) 이름에 있는 경우가 많다. 세상은 이름대로 행위하지 않는 경우가 대부분이다. 그래서 탈선하게 된다. 여러분도 혹시 향후 뭔가 잘 안 돌아갈 때 다시 짚어볼 것 중의 1번이 이름이라는 것을 기억해 두기를.

2017년 4월, 춘천 몸짓 극장 지하에서 일하던 10여 명 축제 직원들을 처음 만나서 물었다.

"여러분, 춘천마임축제에서 춘천은 무엇입니까? 그리고 마임은 과연 무엇이고 축제는 앞으로 어떤 것이어야 하나요? 여기에 우리의 새로운 미래가 있을 것 같습니다."

지금도 기억난다. 나를 처음 본 10여 명 직원들의 황당해하던 모습.

'뭔 소리래? 춘천은 여기 사는 우리가 너무 잘 알고, 마임도 잘 알고, 축제도 우리가 당신보다는 잘 알지.'

하던 그 눈빛. 그러나 사실 그건 그들이 오랜 관행에 빠져 새로운 시각으로 보지도 못하고 자신들 정체성을 제대로 고민도 안 해본 구태들이 짓는 눈빛일 뿐. 그때 내 질문은 안개를 몰아내는 바람 같은 역할을 했던 것 같다. 결국 사무국장의 강력한 추진 속에 춘천마임축제는 축제 개막날인 아수라장에서 춘천을 대표하는 소양강 처녀 모티브로 개작된 소양강 처녀 노래와 퍼포먼스를 먼저 올려 춘천다움을 되찾았고, 마임을 몸짓이 아닌 '넌버벌 nonverbal 아트- 비욘드 버벌 Beyond verbal'로 규정했으며, 축제 3.0을 추구하게 된다. 축제 3.0은 행동하는 도시 축제, 시대와 같이 하는 축제, 찾아가는 축제를 뜻한다. 그래서 그다음 해 축제 슬로건은 "도시를 회복하라"로 세웠다. 축제에 있어 도시는 무엇일까? 거꾸로 도시는 축제와 어떤 관계일까? 명쾌하지는 않지만 고민해

볼 물음 아닌가? 우리는 정답은 아닐지 몰라도 우리가 보는 축제와 도시를 고민하기 시작했다. 덕분에 춘천마임축제는 무엇을 해야 하느냐가 분명해졌고 그 해석들을 중심으로 다시 출발하게 되었다. 나로서는 이 인연 덕분에 후에 도시 브랜딩 자문으로도 여러 차례 불려 가곤 했다(밀양, 하동, 서귀포 서홍동 등에 그 흔적이 있다). 축제 비전문가가 전문가에게 다시 물은 해석 덕분에.

2019년 나는 서울혁신센터장을 맡게 되어 마임을 떠났다. 1년 후인 2020년 말 코로나19가 팬데믹으로 왔을 때 전국의 모든 축제가 올스톱됐지만, 춘천마임축제는 2021년 신임 강 감독의 주창 아래 기존과는 개념을 달리한 1개월 장기간- 이동형- 소규모로 찾아가는 프로젝트형 축제인 '백씬100 scene 프로젝트'를 수행함으로써 당시 축제판에 새로운 모델을 제시했다. 그해 말 국무총리상과 축제 부문 예술경영 대상 수상은 덤.

해석은 기업의 프로젝트에서도 이렇게 중요하다. 세계의 젊은 이들이 열광하고 자발적 팬덤을 구축하는 파타고니아, 더바디샵, 레드 불, 버진 그룹, 리퀴드 데스, 유한킴벌리, 젠틀 몬스터, 현대카드 같은 프로젝트형 기업들의 마케팅과 여타 활동들을 보라. 그들은 사업에 대한 해석이 다르다. 그래서 프로젝트도 자주 하며 그 내용도 일반인들의 상식과는 다르다. 그 결과 그들은 기업의 바다에 뜬 밤하늘의 별이 된다. 그래서 기업이다. 기업은 이름에 '기'(企. 꾀하다, 발돋움하다, 바라다)자를 씀으로써 그냥 돈 버는 일을 하는 사업과 달라진다. 물어보라. 당신은 기업가^{entrepreneur}인가, 사업가$^{business\ man}$인가?

15. 켜와 켜 사이 - 통념과 컬처 코드

켜는 '켜를 지은 시루떡'이라는 표현처럼 포개어진 물건의 하나하나의 층을 가리키는 순우리말이다. 물건, 사물들은 대체로 이런 켜를 이루면서 높이를 만들어간다. 약한 고리 이론처럼 이 켜와 켜 사이에 충격적 해체와 건축의 마법이 있다. 예전 제일기획 시절 내가 대리였을 때 L 본부장님이 "석공 중에 고수들은 아주 큰 바위들 켜의 틈새에 정을 찔러 넣어 아주 쉽게 바위를 깨지. 유명한 백정도 소의 뿔 틈새에 소도를 찔러 넣어 단숨에 고통 없이 소를 쓰러트려. 석공이나 백정이나 같은 이치지. 세상을 움직이는 광고도 그래야 해."라고 말씀을 해주신 적이 있다. 나는 그때 그 말을 이해하지 못했다. 그 말을 이해하기 시작한 것은 그로부터 10여 년이 흘러서 내가 부장이 됐을 때였다.

그걸 우리 책의 주제인 해석과 연결 지으려면 두 개의 이론을 소개해야 한다. 내가 공부한 것 중에 아주 명료하고 기발한 해석법이다.

하나는 옥스퍼드 대학교 로레알 마케팅 석좌교수인 더글라스 홀트가 쓴 「컬트가 되라Cultural Strategy」에 소개된 문화혁신전략이다. 이는 '소비자 문화이론Consumer Cultural Theory, CCT'이라고 하는 '학문적인' 마케팅의 한 분야에서 파생한 하나의 응용 학술 이론이다. 이 전략은 광고 캠페인을 기획하는 이들에게 특히 매력적이다. 문화혁신전략의 핵심은 "소수가 확실히 좋아할 이념을 창조하라!"이다. 그러기 위해서는 기업가들은 제2차 대전, 베이비 붐, 히피에서부터 존 웨인, 비욘세, 타이거우즈 코드 등을 놓치지 말고 이와 관련한 사람들의 삶에서 사회, 문화, 정치의 담론을 읽고 분석할 줄 알아야 한다. 담론은 통상 오랜 '특정 환경의 지속'-'그 환경에서 굳어진 사회적 통념'으로 구성된다. 말하자면 통념의 켜가 쌓이는 것이다. 사람들은 이 켜를 보고 그것을 견고한 사실처럼 오해한다. 그런데 이런 상황에서 갑자기 사회적 파괴 현상이 발생한다. 혁신적 경영자라면 이 파괴 현상을 제대로 해석하여 기존의 사회적 통념을 깨고 '새로운 이념'을 제시하여 소수에게 아이콘(컬트)이 되는 '신화'를 제시해야 한다. 이 과정은 통상 6단계로 만들어진다. 나이키를 기준으로 하면 1. 기능 중심의 제품이 팔린다는 통념 2. 1970년대부터 80년대까지 진행된 아메리칸드림의 파괴 3. 솔로 투혼이라는 이념 제시 4. 게토 환경의 신화 5. 흑인, 노인들을 겨냥해 '저스트 두 잇' 슬로건 제시 6. 기술적 차이 제공이라는 6단계가 문화혁신전략 단계일 것이다. 결코 마이클 조던 덕이 아닌 것이다. 그 광고는 매출을 별로 올리지 못했다.

흔히 스타벅스의 성공 원인을 '고급 커피의 대중화', '문화적인 만남의 장소'와 같은 코드로 분석하지만, 비슷한 시기에 스타벅스처럼 저렴한 가격에 고급 커피와 사교 공간을 제공하던 커피전문점은 무수히 많았다. 스타벅스가 성공한 것은 고급스럽고 비싸지만 대중화하기 어려운 커피 문화를 대중이 수용할 수 있는 형태로 번안해서 제공하는 '문화의 패스트 팔로워fast follower' 전략에서 찾는다. 이렇게 기성 문화를 혁신해서 성공한 사례로 말보로, 파타고니아, 젠 앤 베리, 더바디샵, 리바이스, 비타민워터, ESPN(스포츠 방송) 등을 꼽는다. 아마 한국이라면 환경에 대한 우려를 포착하고 '자연을 담는 그릇'이란 이념 하에, '바른 먹거리' 슬로건을 내세운 풀무원, 스마트폰 보급과 편리를 추구하는 흐름을 포착한 후 '골목상권과의 상생' 대의, '배달주의(이때 '배달'은 delivery가 아닌 '붉달' 민족의 의미)'를 내건 배달의 민족 등이 꼽힐 것이다. 문화혁신가들의 모토는 만일 미국이라면 "시장 조사 대신 히피의 문화를 체험하고, 극렬 사회운동가들의 선언문을 탐독하라."일 것이다.

　공학도들과 경영 전문가들은 통상 기술과 그 결과로 만들어진 기능을 강조하나(이는 '해석의 마법'을 모르는 것이다) 시장혁신 노력의 궁극적인 '심판자'인 소비자들은 제품 디자인 측면에서 볼 때 상당히 평범해 보이는 무언가를 오히려 혁신적이라고 생각하는 경우가 있다. 평범한 제품을 가지고도 더 좋은 '이념'을 정립해서 시장을 흔든 사례가 무수히 많다. 이는 비즈니스를 넘어 정치인, 예술가, 사회운동가 같은 이들에게도 가능하며 이 열쇠는 '혁신적인 이념'이다. 아이스크림 제품인 벤 앤 제리는 베트남전 이후 반전운동을 토대로 꽃핀 히피문화를 따라 기업의 이념을 정립했다. 자유와 평화, 전근대적인 음식문화에 대한 히피문화를 토대로 브랜딩을 한 벤 앤 제리는 1970년대 자유주의 중산층에 크게 어필한다. 레이거니즘에 대한 통렬한 이념적 대조로 도발적인 문화표현을 한 것이 성공 요인이 된다. 벤 앤 제리는 1980년대 로널드 레이건 대통령이 미국 사회를 급진적으로 '개조'하고 과거로 회귀시키려 노력하는 것에 대한 반발로 생겨난 이념적 기회를 잡은 것이다. 지금 미국이라면 반트럼프 문화가 키가 될 수도 있을 것이다.

　켜 사이를 찔러 변화를 일으키는 두 번째 해석의 마법은 '컬처 코드 Culture Code 읽기'다. 레비 스트로스의 제자인 구조주의 심리학자 클로테르 라파이유 박사가 「컬처 코드」란 책에서 주장했는데 2000년대 초반에 많이 알려졌다. 컬처 코드는 '특정 문화에 속한 사람들이 일정한 대상에 부여하는 무의식적인 의미'를 뜻한다. 이 코드는 융이 말한 '집단 원형'보다는 2~300년 기간 같은 비교적 짧은 시간에 형성되지만, 한 개인의 인생보다는 긴 기간에 걸쳐 형성된다. 이 코드는 각자 자신이 속한 세계에서 각인된imprinted 문화를 통해 획득되며, 따라서 문화가 다르면 코드도 다르다. 우리가 스스로 인식하지 못하는 사이에도 쇼핑, 건강, 음식, 사랑, 직업, 정치 등 삶의 곳곳에서 우리가 사고하고 행동하는 데에 영향을 미친다. 똑같은 만찬이라도 저녁에 2~3시간씩 느긋하게 즐기는 프랑스인에게는 '연주', 늘 일에 바쁜 미국인에게는 그냥 에너지를 충전하는 의미의 '연료' 컬처 코드를 가진다. 그런 코드 때문에 미국인은 패스트푸드, 프랑스인들은 슬로우푸드를 선호한다. 비만은 친족 내 성폭력 등이 많거나 유혹 사회에서 스스로 관심을 끊고 싶은 미국인에게는 '도피', 추위를 견뎌야 하는 에스키모들에겐 '지구력'이 코드가 된다. 너무 다른 해석이다. 미국은 기본적으로 이주민 사회다. 늘 홈을 그리워한다. 가정을 의미하는 홈으로 들어와야만 점수를 올릴 수 있는 야구는 가정에 대한 미국인들의 컬처 코드와 부합한다. 그래서 '사냥' 혹은 '대리전쟁(유럽 역사는 전쟁의 역사였다)'의 코드를 가지는 축구보다는 야구에 열광한다. 일본어에는 친밀함을 뜻하는 단어가 없다. 비좁은 공간에서 서로 모여 생활하면 친밀함을 굳이 표현할 필요가 없기 때문이다. 이에 비해 아랍 유목민들은 소수 부족으로서 언제나 이동하며 살아가므로 가정과 전통에 대한 애착이 매우 강하다. 우리는 의·식·주라고 하는 데 반해 중국인은 순서가 식·주·의다. 중국인들의 저녁 식사는 오로지 음식을 먹는 행위에 집중하며 중요한 거래를 하면서도 음식이 들어오면 대화를 중단한 채 음식을 즐긴다. 이렇게 컬처코드가 다 다르다. 라파이유 박사는 한국에 와서 강연할 때 아리랑 코드를 짚은 적이 있는데 그는 핵심을 '그개passage'라고 해석했다. 애한이 아니라 씨족 사회고 산이 많은 한국에서 산은 씨족과의 이별을 의미하는데 고개가 상징이라는 것이다.

해석 후 보면 그럴싸하지만, 사실 숨어 있는 무의식의 컬처코드를 찾아내기는 매우 어렵다. 그게 맞는다는 증거도 없다. 라파이유 박사는 자신이 기업 비즈니스를 컨설팅하면서 지프차 컬처코드(야성 질주) 등 여러 개를 찾아내 성공했다고 했지만, 실패했던 것은 말하지 않았다. 대신 그의 방법론은 좀 특별하다. 그는 일반적인 리서치보다는 사람들이 써 놓은 글이나 파자마 차림의 무방비 상태에서 속을 터놓는 인터뷰를 중시한다. 그때 사람들은 자신의 무의식을 드러내기 때문이다. 괜찮은 방법이라고 생각한다. 한국인은 술을 먹을 때 무의식을 털어놓는다. 이 컬처 코드를 우리가 해석에 접목하려면 두 가지를 기억하면 된다. 하나는 눈에 보이는 것만 해석하지 말고 그 뒤에 숨은 컬처 코드를 찾으라는 것이다. 사람은 컬처 코드에 따라 움직인다. 강남과 강북 청년의 컬처 코드는 다를 수밖에 없다. 박범신 작가가 쓴 「소금」에서 강남 어린이들의 효도는 '투자'라고 컬처 코드(작가는 그런 표현을 쓰진 않았지만)를 짚은 바 있다. 둘은 컬처 코드를 읽으려면 무의식이 드러나는 순간을 포착하라는 것이다. 정신이 멀쩡하여 자신을 숨기는 리서치 조사는 신뢰하기 어렵다.

세상은 켜로 이루어져 있다. 시루떡만 그런 건 아니다. 우리의 감정도 켜고 통념도 켜로 되어 있다. 그 켜 사이는 이른바 '약한 고리'다. 약한 고리는 그 켜의 약점뿐 아니라 숨은 정체성도 드러낸다. 거짓말에 속지 않고 해석을 잘하려면 그 켜 사이를 들여다봐야 한다. 문화혁신전략과 컬처 코드는 그를 드러내는 해석 방법으로 권할 만하다.

16.   거짓말 사회

"사람들은 모두가 절망한 속에서 희망을 말하는 사람보다는, 모두가 희망을 말할 때 절망을 주장하는 사람을 현자로 보는 경향이 있음을 나는 마침내 알았다."

"역사는 언젠가 거짓으로 드러나고, 신화는 언젠가 진실로 드러난다."

위는 존 스튜어트 밀, 아래 말은 버나드 쇼의 말이다. 역설인데 이에는 사회의 인지 능력이 어떤지를 보여 주는 뼈아픈 통찰이 있다. 한국의 젊은이 중 한국을 '헬조선'이라고 부르는 이들이 꽤 있다. 대만도 비슷하여 자국을 '귀도'(鬼島, gudo. 귀신 섬)라고 폄훼하기도 한다. 일본도 그런 청년들의 '엑소더스 일본' 현상이 늘고 있다. 이렇게 주장하는 청년들은 그들만의 사회에서는 현자로 보일지도 모르겠다. 그러나 이는 명백한 착각이다. 그 나라들은 헬이 아니다. 최소한 남미나 아프리카 다수 국가 그리고 근세 이전 유럽에 비한다면 말이다. 오히려 천국에 가깝다. 이런 거짓말, 착각, 막말도 해석의 일종이다.

   사회엔 수많은 사람이 살며 그들의 해석은 서로 다를 수 있다. 해석만 다르면 좋은데 이런! 사회에 속한 사람들은 거의 거짓말을 한다. 거짓말은 맑은 호수에 돌을 던지는 것과 같다. 물결이 흔들려 물속이 보이지 않는다. 그래서 해석이 어렵다. 이는 누군가를 의식하고 자신을 드러내지 않으려는 사회심리에서 나오는 자연스러운 행위다. 미국에서 중산층 이상 여성을 대상으르 품격 잡지를 내려고 설문조사를 했던 적이 있다. 20년 전쯤이고 의식 조사에서는 유명한 사례다. 대상 여성들은 품격 있는 예술이나 글, 사회 이론 등을 선호한다고 답했다. 순진한 잡지 제작자들은 그에 충실하게 잡지를 만들었다가 1년 만에 판매 부진으로 파산했다. 아니 이 기획자들은 미국의 성 의식을 뒤흔들었던 〈킨제이 보고서〉도 안 읽었단 말인가! 이탈리아 옴니버스 영화 '수치심에 대한 상식'(1976. 코미디)은 이런 거짓을 잘 드러낸다. 포르노 잡지를 반대하는 엘리트층 부부들도 은밀히 다른 도시로 가서 포르노 잡지를 산다는 것을.

마케팅은 거짓말로 설계된다.

일단 대중을 상대로 하는 기업 행위는 대체로 거짓말을 한다. 사기 같은 낮은 거짓이 아니다. 소비자 심리를 노려 일부만 왜곡, 과장한 단수 높은 거짓이다. 덴마크 출신으로 40년 마케팅 전문가인 마틴 린드스트롬은 그의 책 〈브랜드의 거짓말〉(부제: 인간의 욕망을 사로잡는 마케팅 설계의 기술)에서 "사실 브랜드들이 똑같은 거짓말을 수십 년도 넘게 반복하고 있다."라고 고발한다. 우리를 속인 거짓말과, 우리 부모 세대를 속인 거짓말이 다르지 않다는 것이다. 그는 '이건 내가 원해서 산 것'이라는 착각을 불러일으키는 9개 거짓말 키워드를 제시한다. ▲임신부를 공략해 아기마저 미래의 충성 고객으로 만들고(대물림), ▲자녀에게 좋은 엄마가 되라며 죄책감을 느끼게 만든다(공포). ▲탄산음료의 효과음을 개발해 무의식을 자극하며(도파민), ▲성적 판타지를 자극하여 제모 시장을 확대하기도 한다(섹스 어필). ▲물량을 조절해 구매 욕구를 자극하거나(군중심리), ▲향수를 불러일으켜 제품에 긍정적인 이미지를 부여하고(레트로), ▲마치 영적인 충만함을 줄 것처럼 음료의 효과를 부풀리기도 한다(희망). ▲고객들이 자신을 투영할 수 있는 스타를 광고에 출연시키고(인플루언서), ▲고객의 구매 데이터를 기반으로 제품을 추천하는 마케팅(데이터 마이닝)이 그 9개다. 사실은 더 많다. 그런데,

"잠깐. 이게 거짓말이라고?", "그냥 마케팅 전략이나 마케팅 설

계의 기술 아님?"

이라고 반문한다면 할 말 없다. 어떤 아동 심리학자는 아기가 엄마를 속이는 최소한 아홉 가지 기술을 주장한 적도 있는데 이건 아기의 생존 기술인지, 거짓말인지? 어쨌든 마틴 린드스트롬은 한국 책 번역 제목으로 〈브랜드의 거짓말〉이라는 표현을 승인했으니, 그는 브랜드=거짓말로 본 것이다. 거짓말이라는 말로 독자를 유혹하기 위해 다시 거짓말한 것일까? 참고로 지금을 사는 신구 두 세대는 마케팅에 대해서 다른 반응을 보이기는 한다. 기성세대는 대체로 광고를 거짓말이라고 보고 믿지 않는다. 반면 MZ세대는 광고를 그냥 텍스트로 인정하고 소비한다. 덕분에 공짜로 콘텐츠를 보니까. 후자가 더 쿨한 것이다.

모두 거짓말을 한다.

단언한다. 이름부터 도박을 연상시키는 트럼프는 나쁜 사람 bad guy이다. 그가 아무리 2024년 대선에서 재선에 성공했더라도 그건 분명하다. 그간의 기업 경영이나 말하는 태도, 약한 사람을 대하는 비열함(이는 특히 배우 메릴 스트립이 그녀의 수상식에서 지적했다), 여자 문제, 상습적인 거짓말, 미국의 법체제 무시 등 나쁜 짓은 이루 말할 수 없다. 그런데 그 나쁜 자가 지금 미국에 필요한 악당인가 보다. 미국이 둘로 나눠지고 있다. 수백 년을 쌓아온 미국의 국제적 평판도 '너네도 결국 생존과 국가 이익 앞에선 별수 없군. 그동안 잘난 척은 혼자 다 하더니.' 소리를 들으며 추락 중이다. 2024년 미국 대선에서 일론 머스크가 트럼프 지지 유세장에 나타나 이런 미국을 더 한번 적나라하게 보여줬다. 일론 머스크도 "E.S.G의 S는 아마도 Satan의 약자일 것"이라고 말했던 것처럼 나쁜 자이긴 하지만 놀라운 비전과 재치, 엉뚱한 퍼포먼스로 안개를 쳐 왔는데 암살 시도 이후 트럼프 지지율이 상승하자 갑자기 트럼프 지지로 돌변하면서 천연덕스럽게 "만일 트럼프가 지면 저는 망한 거죠." X드립치며 웃는다. 그게 오히려 사탄의 웃음 같구먼! 요즘 미국 사회가 바이든 노망처럼 뭔가 정신줄을 놓친 나라가 된 듯하다. 한국도 그런 점에서는 만만치 않다. 판사들, 검찰들, 대법관들, 목사들, 정치인들 다 대놓고 거짓을 연출한다. 일말의 반성도 없다. 미국, 한국의 탈-진실 동조화인가!

어쨌든, 다시 거짓말 사회 이야기를 이어가자. 2016년 트럼프와 힐러리가 대선에 붙었을 때다. 사람들은 입을 모아 "트럼프 같은 악하고 저열한 이가 대통령이 될 수 없다."라고 말했다. 많은 국내외 언론도 힐러리의 낙승을 예견했다. 그런데 이변이 일어났다. 트럼프가 이긴 것이다. 당시 모 언론은 이런 논평을 했다. "샌더스는 미국의 이상을 말했고, 힐러리는 미국의 현실을 말했으며 트럼프는 미국의 속마음을 말했다."라고. 다수 미국인은 놀라고 분노했지만, 아주 극소수 분석가들은 그러나 트럼프의 승리를 예견했다. 그중의 하나가 세스 스티븐스 다비도위츠다. 그는 구글 트렌드를 이용해서 사람들이 검색창에 올리는 단어를 해석한 결과 '샤이shy 트럼프'(트럼프를 지지함에도 주변 이목 때문에 자신의 지지를 숨기는 사람들)가 꽤 많음을 간파했다. 그 후 그는 그가 구글 트렌드를 이용해서 찾아낸 미국 남녀들의 은밀한 속내를 폭로하는 책을 썼다. 그것이 〈모두 거짓말을 한다〉이다. 그 책에는 성과 인종 차별의 속내에 관한 재밌는 해석이 많다. 위에 미국의 망한 잡지 편집자는 이런 거짓말을 모르고 순진하게 구독자를 해석한 것이다.

이 책에서 자세히 다룰 주제인 섹스가 그 한 예다. (중략) 설문조사에 따르면 이성애자인 여성들은 평균적으로 연간 50회 섹스를 하고 그중 콘돔 사용률은 16%라고 한다. 계산해 보면 연간 11억 개의 콘돔이 사용되는 셈이다. 반면 이성애 남자들은 매년 16억 개의 콘돔을 사용한다고 말한다. 정의상 이 숫자는 동일해야 한다. 그렇다면 진실을 말하는 쪽은 누구인가? 여성인가, 남성인가? 둘 다 아니다. 소비자 행동을 추적하는 세계적인 정보 기업 닐슨에 따르면 매년 판매되는 콘돔은 6억 개에도 못 미친다. 모두 거짓말을 하는 것이다. (중략) 구글 검색은 설문조사에서 그리는 탈인종 유토피아와는 현저히 다른 미국을 보여 준다. (중략) 많은 미국인은 집이라는 사적인 공간에서 충격적일 만큼 인종차별

적인 질문을 하고 있었다.- 〈모두 거짓말을 한다〉 서문에서

　사실 이것은 새롭지도 않다. 내가 경제지인 〈머니투데이〉에 칼럼을 쓸 때 제목 하나만으로 5만 6천 명 조회수를 얻어 단숨에 조회율 1위를 한 적이 있다. 그때 제목이 '야동으로 인맥 관리하는 선배'였다. 동방예의지국에서 말이지. 성(性)을 좋아한다는 걸 눈치채고 제목을 그리 달아본 것이다. 칼럼 내용은 그다지 야하지 않다. 오, 위대한 성의 신이여, 30분 만에 조회 1위라니! 사실 이런 성적 본능 때문에 인류가 여태까지 존속해 온 거겠지만!
　속물이든 아니든 사람들이 본능으로 좋아하는 것은 이를테면 돈(부자), 성, 미인, 젊음, 셀럽, 히어로 등이다. 이 중에서 가장 거짓말을 많이 하는 순서가 뭘까? 그것은 당연히 본능은 당기는데 사회가 수치심을 느끼게 하거나 금기를 건 것들이다. 그것을 솔직히 드러내면 속물 취급을 받기 때문이다. 이 중에 젊음, 셀럽은 상대적으로 덜한 편이다. 그래서 조금 공적인 매체에서는 젊음, 셀럽 이야기를 대놓고 하고 은밀한 n번방 같은 데서는 비뚤어진 도착의 성, 중간 정도인 유튜브에서는 돈이나 보수층 지지 등 콘텐츠가 많고 혼자 보거나 어두운 극장에서 보는 영화에서는 '범죄도시'나 '존 윅' 시리즈 같은 히어로 숭배 폭력물이 인기가 많은 것이다. 반대로 사회에서 권장하는 덕목인 정의, 질서, 환경, 청렴, 배려 같은 것들은 말로는 좋아한다고 하지만 실제 행동

에서는 잘 나타나지 않는다. 특히 소셜 미디어 세대에서 두드러지게 나타난다. 그래서 슬랙티비즘(slacktivism. 느슨한 행동)이란 비아냥 신조어가 나왔다.

빅데이터는 왜 안 통할까?

사회는 수많은 자료로 이루어져 있다. 사회를 연구하는 이들에게 자료는 보석과 다름없다. 10년 전쯤 빅데이터가 이제 모든 조사를 정확하게 줄 것처럼 흥분한 때가 있었다. 그러나 빅데이터는 사회조사나 기업 마케팅에서 생각보다 좋은 결과물을 내지 못했다. 최소한 나는 그런 성공 사례를 별로 본 적이 없다. 왜 그럴까?

빅데이터는 나오지만, 그 데이터를 제대로 읽고 해석하지를 못했기 때문이다. 해석을 잘하지 못하면 설계도 서툴기 마련이다. 그 이유는 인간의 오묘한 심리와 거짓 행태들 때문이다. 사람들은 자기 속마음을 여간해서는 말하지 않는다. 동물복지 상품을 구매하겠다고 하지만 그것은 비싸므로 그냥 A4지 한 장 크기에서 자란 닭의 알을 산다. '미안, 난 그래도 싼 게 좋아.' 공정무역 커피, 중고품(아름다운 가게), 로컬 푸드 등도 마찬가지다. 그걸 사는 사람들은 대체로 20% 미만의 깨인 시민이다. 이건 정말 크게 봐준 수치다. 5%가 더 비슷한 숫자일 것이다. 값비싼 외제품이나 명품을 사는 사람들 비율과 비슷하다. 해외 직구가 물류로 인한 탄소 배출, 국내 소상공인 위축 등의 폐해가 있는 걸 알면서도 얼리 어답터의 자부심 그리고 조금 더 싸다는 이유로 산다. 이게 소비자의 본능이다. 결국 그렇게 진행되다 보면 사회는 소비 증가, 탄소 배출 증가, 지역 파괴, 소상공인 침몰 등의 폐단이 생겨 끝내 자국 경제와 자기들 일자리를 대체할 걸 알면서도(잘 공감하지는 못하는) 그렇게 한다.

〈이어즈 & 이어즈 Years and Years〉는 BBC와 HBO가 공동 제작한 블랙 코미디 장르의 영국 TV 시리즈이다. 브렉시트 후의 영국에서 기업가 출신 정치인 비비언 룩(엠마 톰슨)이 날조된 연설로 인기를 얻는 2019년부터 2034년까지 한 가정의 가족사가 내용이다. 그 속에는 멀지 않은 -우리가 "설마" 하면서 인정하고 싶지 않은- 미래 이야기가 담겨 있다. 영국 BBC에서는 2019년 5월 14일부터 방송되었으며, 2019년 가디언지가 뽑은 TOP 영국 드라마 4위에 선정됐다. 디스토피아 드라마인데 이젠 할머니가 된 엄마가 절망하는 자식들에게 이렇게 말한다.

"너희들 어렵다고? 회사가 망했다고? 그래 모든 게 그 중국산 1달러어치 티셔츠 때문이었어. 싸다고 막 샀지. 그리고 할인마트에서 종업원을 머신이 대체할 때도 우린 받아들였지… 그래 결국 그게 이 파국의 시작이었어."

그러자 딸이 말한다.

"엄마, 그때 우린 반대했어요."

엄마가 반문한다.

"반대했다고? 그래서 뭘 했는데. 거리로 나가서 시위했니? 머신을 부셨어?"

소비자의 거짓 때문에 빅데이터는 늙은 엄마의 통찰을 따라가지 못한다. 이건 소비자가 장기적으로 닥칠 미래를 해석하지 못하고 근시안적이고 이기적인 소비를 일삼기 때문이다. 해석 특이점이 틀린 것이다. 파타고니아 같은 의로운 기업은 이에 대항하지만, 그들은 여전히 극소수다. 소비자들은 부메랑 효과의 무서움, 나비 효과의 파괴를 잘 믿지 않는다. 오히려 공짜 경제, 무임승차, 영리하고 악착같은 기생(영화 '기생충'을 보라) 등을 좋아한다. 생존과 효율성을 좇는 본능이니까. 이런 본능을 좇다 보면 미래를 오판하게 되고 그 결과로 결국 자신의 등을 찌르는 창에 맞는데도 그렇다.

이상으로 어쨌든 우리가 애써 눈 감은 채 믿고 사는 이 사회를 거짓말이라는 관점으로 보고 살폈다. 기업 마케팅, 일반인, 그리고 빅데이터의 거짓말까지. 내가 볼 때 이대로 가면 한국은 인구절벽이 끝나는 2028년 이후, MZ세대가 사회 중추가 되고 세계 경제에서 축의 전환이 이루어지는 2030년 무렵 진짜 어려움에 봉착할 것이다. 현재의 근시안과 이기심 때문에. 그것은 물론 현재 정부나 기업, 학계와 언론, 정치인들의 무능력과 근시안으로 악마의 씨를 키운 탓이기도 하다. 그럼 어떻게 이 본능을 눌러?

— 좋은 사회를 만들려면 30년, 그게 어려우면 최소 10년 단위로 길게 해석하자.

— 인기, 트렌드, 인간형(대체) 로봇 따위 말은 가능하면 똥침을 주라.

— 상대적으로 풍요해진 이제는 이기심보다는 이타심이 필요한 시대임을 인지하자. 당장 먹고살기 힘든 30%는 일단 면제해주되, 대신 일 년에 10번 정도는 필드 골프를 치고 일 년에 한 번 이상 해외여행을 가며 치킨을 한 달에 열 번은 뜯는 중상위 40%라도 제발.

당신들이 지금 안 바뀌면 당신 자식들이 곧 매우 힘들어진다.

— 조르주 퐁피두(1911~1974) 프랑스 대통령이 일찍이 천명한 '삶의 질'을 다시 공부하자.

17. 관계

관계Relationship 개념은 사회학, 심리학 그리고 정보이론 등에서 중요하게 나오는 개념이다. 여기서는 그런 학구적 개념보다는 우리가 일상에서 접하는 관계에 집중한다. 관계는 보통 상호 고립, 대립 혹은 경쟁, 협력 등의 세 유형이 있을 것이다. 협력에는 친밀한 협력과 전략적 협력이 있다. 이들은 대면에서 발생하는 관계다. 비대면 관계는 제도, 원격 관계 등이 있을 것인데 여기서는 제외한다. 그런데 이 세 유형의 관계에서 애착, 사랑, 저주, 경쟁, 배신, 용서와 화해 등 수십 가지 이상의 세부 관계가 형성되며 그 결과 엄청난 역동성(?)이 나온다. 그러니 이것은 인간 사회의 요지경이 분명하다. 내가 책을 쓰는 이 시점에 가장 핫한 콘텐츠가 아마도 2024년 9월 17일 시작된 넷플릭스 리얼리티 프로그램 '흑백요리사'일 것인데 여기서 해석점은, 맛과 레시피의 우열이 아니라 흑수저와 백수저의 배틀, 두 심사위원의 심판이라는- 신화에서나 나올 법한- 두 관계 유형의 혼합일 것이다. 그런데 관계의 핵심은 사실 '인정 투쟁'이다. 그 무서운!

인정 투쟁

認定鬪爭. recognition struggle, 독일어는 Anerkennungskampf. 관계는 매우 중요하고 그중에 인정 게임은 인본주의 심리학자 A. 매슬로의 '욕구 5단계'에서도 나왔듯이 매우 중요하므로(네 번째 욕구가 인정 욕구인데 오늘날 한국 사회는 바로 이 인정 욕구 단계에 들어간 걸로 보인다. 관종, 악플 등은 그 어두운 발현이다. 인정 투쟁에서 실패한 이들이 마약 등 향정신성 물질에 빠진다), 오래전에 헤겔에 의해 주장된 철학적 정의를 보자.

인정 투쟁은 헤겔의 〈정신현상학〉 중 '자기의식' 편을 이해하는 데 핵심적인 개념이다. 자기의식의 발전 과정에서 중요한 계기 중의 하나가 '욕구하는 자기의식'에서 '인정하는 자기의식'으로의 이행이다. 헤겔은 타자를 자아로 의식하지 않는 한, 인간은 스스로를 자아로 충분히 자각할 수 없다고 주장한다. 그가 '자기 확신'이라고 부르고 있고 또 욕구의 경험과 결부하고 있는 자기의식의 초보적 형태는 자기의식의 객관성이 빠져 아직 불충분하다.

그래서 '욕구하는 자기의식'은 이제 '다른 자기의식'을 전제해야 하는 단계로, 즉 '인정하는 자기의식'의 단계로 이행, 또는 고양하게 된다. (중략) 두 자기의식은 각자 타자의 승인 혹은 인정을 요구할 수밖에 없다. 이러한 승인, 인정은 '하나의 자기의식'에서 보자면 타자가 보존되는 가운데에 타자 스스로 자신을 부정하고 '그' 하나의 자기의식을 승인, 인정하는 것이어야 한다. 여기서 본질적 두 계기가 드러나는데, 하나는 '순순한 자기의식'이요, 다른 하나는 물성의 형태를 띠고 있는 '대타적 의식'이다. 두 계기는 '일단 서로가 불평등한 대립적 관계'에 있다. 하나의 자기의식은 자아를 끝까지 고수하고 다른 자기의식은 생을 선택하는 방식으로 종결됨으로써 전자는 자립적 자기의식의 지위를 유지하고 후자는 비자립적 의식이 된다. 전자는 주인이고 후자는 노예이다. 그런데 그 관계는 곧 역전된다. (중략) 이러한 사실을 헤겔은 금욕주의(스토아주의), 회의주의, 불행한 의식으로 이어지는 서양 고대와 중세의 역사를 통해 예증한다. (서울대학교 철학사상연구소)

이를 일상어로 쉽게 풀자면 '너를 주체로 인정해야 나도 주체로 인정된다.'라는 논리다. 그래서 나는 마케팅 전문가로서 늘 강조한 것이 "영업은 제품을 파는 것이고 마케팅은 마음을 사는 것"인데, 마음을 사려면 먼저 "나의 자리에 너를 놓으라는 것"이었다. 물론 이것이 쉽지는 않아서 헤겔은 투쟁이라는 강한 용어를 쓴 것이다.

벼와 피 비유

젊은 직장인들이 제일 힘들어하는 것이 인간관계다. 본질이 투쟁 관계니까. 예전에도 그랬기는 하지만 요즘은 어릴 때부터 한 가정에 하나 혹은 둘 사이에서 크고 부모들이 웬만하면 다 들어주다 보니 특히 더 그렇다. 그렇다고 관계가 없는 조직은 없다. 인생도 마찬가지다. 선인과 악인, 그리고 악인인 줄 알았는데 선인, 선인인 줄 알았는데 악인에 호사다마와 상전벽해의 어두운 관계! 그런데 명심하자. 관계엔 실체가 없다. 오로지 해석과 그에 기초한 태도만 있다.

나는 젊었을 때 일 중심이었다. 일에 방해가 되는 무능한 직원, 상사에겐 가차 없었다. 무능한 이들은 그야말로 회사 미래를 좀먹는 이들로 생각했고 그들이 조직 능력을 나쁘게 전염시킨다고 믿었다. 말하자면 상위 5%가 회사의 핵심 인재라고 믿은 것이고 나머지는 언제든지 대체 가능하다고 믿었다. 마침 밀레니얼이 시작되던 그 무렵 전 세계 경영 이론에서 '구조조정' 혹은 '리엔지니어링'이라는 개념이 도입되면서 무능한 직원, 나이 든 중간층 자르는 것을 합리화했다. 나도 그걸 진심으로 믿었고. 2002년 회사를 옮겨 기획부장으로 이직했을 때였다. 입사 얼마 후 급히 작성한 장기 전략 기획안을 들고 부사장님에게 결재받으러 갔다. 소문에 그분은 정규 대학을 나오지 않고 검정고시로 입사해서 전략 부문 부사장까지 오른 입지전적 인물이라고 했다. 그분은 장기 전략은 대충 보고는 대뜸 물었다.

"당신은 요즘 유행하는 구조조정에 대해 어떻게 생각해?"
나는 솔직한 사람이다.
"때로는 필요하다고 봅니다."
"그때가 혹시 우리의 지금인가?"
"네, 무능한 사람이 너무 많아 보입니다."
그러자 부사장님이 느닷없이 화제를 돌렸다.
"자네, 농사지어본 적 있나?"
"없습니다."
그러자 부사장님의 말씀이 좀 길어졌다.
"논에는 말이야 벼가 있고 피가 있어. 피는 생명력이 아주 질긴 잡초지. 부지런한 농부는 그 피들을 다 뽑아버려. 그럼 어떻게 되는지 아나?"
"벼가 잘 자라겠죠."
"아니. 의외로 벼들도 그렇게 잘 자라지 못해. 비바람에 약해지고. 피가 있을 때는 벼가 피에 영양분을 안 뺏기려고 아주 강하게 자라는데 이제 방해자가 없어지면 벼도 생명력이 약해지는 거지. 피는 적당히 두는 게 현명한 농부라네."

"아, 메기 이론 같은 거군요."

"메기? 그건 모르네."

부사장님은 구조조정을 반대했다. 사실 그 회사는 몇 년 전에 엄청난 구조조정을 했던 역사가 있다. 뭐가 맞는지는 잘 모르겠으나 피 비유는 나에게 깨달음을 줬다. 공진화, 관계의 변증법 같은 말이 내 머리를 맴돌았다. 피는 물론 뽑아야 한다. 그러나 다 뽑으면 안 된다.

사회관계에서도 그렇다. 자기 입맛에 맞는 이들만 만나면 그는 관계의 내성 그리고 토픽의 다양성을 잃게 된다. 세종대왕이 자기를 반대하는 최만리 같은 관료들을 내치지 않고 그들 의견을 경청한 이유도 그것이다. 정조도 심한 당파 관료 사회에서 그런 갈등 관계를 유지했다. 관계의 편식은 성장에서 영양실조를 부른다는 것을 알았던 것이다. 나는 진보에 속하는 당파성을 가지지만 그렇다고 우파 사람을 마다하지 않는다. 누가 옳은지는 아무도 모른다. 그러나 우리는 어쨌든 관계 속에서 성장한다는 것을 믿기 때문이다. 갈라파고스에서 자라는 동식물은 심한 왜곡 성장을 한다. 순혈주의 일본인도 갈라파고스 신드롬을 자초하고 있는 것 같다. 그러면 긴 성장과 성숙한 리더십은 기대할 수 없다. 그들은 왜 저러는지!

아, 그리고 몇 년이 지난 후 세계 경영계엔 유행병처럼 번진 구조조정에 대한 자성론이 돌았다는 것을 알리고 싶다. 하나는 무능한 직원에서 과연 어떤 무능함인지 밝혀야 하며, 둘은 나이 든 중간층을 제거하니 조직 내 암묵지(暗默知. Tacit knowledge. 직관적이고 자동으로 익혀 사용하나 명시적 표현이나 소통이 어려운 지식. 개인적 경험, 실천, 환경과의 상호작용에서 획득한 정보와 지식이다. 반대는 형식지 혹은 명시지. 영국의 철학자 마이클 폴라니가 〈개인적 지식〉에서 처음 언급함)가 사라져 조직이 윤활유 빠진 엔진처럼 삐걱거리더라는 것이 그 자성의 핵심이다.

*참고) 혹시 인간관계에 대해서 더 알고 싶은 독자에게 내가 추천해 줄 콘텐츠는 다음의 것들이다.

책: 데일 카네기의 〈인간관계론〉, 로버트 치알디니의 〈설득의 심리학 1,2〉, 대니얼 카너먼의 〈생각에 관한 생각〉, 로버드 쉴러의 〈내러티브 경제학〉, 〈야성적 충동〉, 로빈 던바의 〈프렌즈〉, A.L 바라바시의 〈링크〉

영화: '인턴', '버킷 리스트', '델마와 루이스', '굿 윌 헌팅', '늑대와 춤을', '포카혼타스', '레옹', '비긴 어게인', '라라랜드', '시네마 천국'

그림: 뭉크의 '비명', 앙리 마티스의 '춤', 이중섭의 '춤추는 가족'

18. Context is King Kong1- 미국은 쥬라기 월드

저자는 책을 한달음에 쓰지 않는다. 보통은 1년 이상 걸린다. 지금 이 장을 다시 쓰는 지점은 미국이 수상한 시점인 2025년 5월 초이다. 아무래도 미친 마초로 보이는 트럼프 2기 100일이 지난 시점이다. 중국과 이주민(적을 정하고 애국을 고취하는 것은 독재자들이 하는 흔한 방식이다. 히틀러는 유대인을, 부시는 테러리스트를 겨냥했다)을 겨냥한 듯 보이는 그의 미친 행보에 놀란 세계가 미국을 다시 보기 시작했다. '미국은 도대체 어떤 나라일까?' 이런 질문을 던지게 되는데 미국을 '어떤 맥락context 없이', '하나로 규정하려면' 당신은 반드시 실패하기 마련이다. 중앙대 김누리 교수는 "트럼프로 인해 미국은 비로소 패권 국가(동의에 의한 타자 지배) 지위에서 물러나 자국을 위하는 하나의 나라로 변질되었다."라고 해석한다. 이것은 트럼프만 보는 것이 아니라 2차 대전 이후 냉전 시대와 탈냉전 시대의 80년 맥락에서 '패권'을 특이점 기준으로 본 해석이다.

나도 여러 차례 미국을 규정하려고 하다가 다 마음에 들지 않아서 언젠가부터 미국을 쥬라기 월드에 비유해서 본다. 영화 말고 실제 쥬라기Jurassic Period다. 쥬라기는 트라이아스기와 백악기 사이에 중생대 두 번째 紀로, 2억 130만 년 전부터 1억 4,500만 년 전까지 총 5,630만 년 동안 이어졌던 시기다. 이름은 스위스, 프랑스, 독일 세 나라 국경에 쥬라 산맥에서 이 시기 지층이 처음 보고된 것에서 명명되었다. 쥬라기는 지구에서 가장 몸체가 컸던 공룡이 살았던 유일한 시기라는 점에서 상상계에 곧잘 소환되는 지질 시기인데 쥐라기에서 백악기로 넘어갈 시기에 이상 기온으로 인해 눈이 내리고 빙하는 물론, 냉·한대 기후가 생겨났다. 계절이 뚜렷한 온대 기후도 생겨났다. 여기서 우리가 속은 것이 두 가지 있다. 하나는 쥬라기 말에 공룡들이 전멸했다는 오해다. 아니다. 이때 '일부' 공룡들은 백악기 초기로 넘어갈 무렵 환경 변화에 적응하지 못하고 멸종했을 뿐이다. 둘은 영화 〈쥬라기 월드〉에 등장하는 공룡 중에 진짜 쥐라기에 살았던 공룡은 적은 편이며 대부분 백악기에 살았던 공룡들이라는 점이다. 물론 이 장은 이런 쥬라기 상식을 전하려는 의도는 아니다. 미국을 해석하기가 핵심이다. 미국바라기였던 한국이 앞으로 미국을 어떻게 해석하느냐는 한국에서 매우 중요한 문제이다.

내가 미국을 쥬라기 월드와 비교하는 기준이 되는 이유는 미국은
— 인류사에서 인디언만 살던 아메리카 대륙에 갑자기 나타난 쥬라기 월드라는 점.
— 미국은 이주- 정착- 침략- 유입 등 과정을 통해 점차 지구에서 가장 거대한 공룡으로 성장했다는 점. 그것을 개방 정책으로 포장했다.
— 수각류(이족보행 육식 공룡)·용각류(초식 육식 잡식으로 나뉘는 용반목의 하목. 최대의 육상 동물)·조반목(새의 골반을 가진 공룡. 어금니가 강함)·익룡·어룡·장경룡(해양 파충류) 등 다양한 공룡으로 분화했다는 점. 이는 미국 현실에서 팝과 랩, 할리우드, 히피, 실리콘밸리, 달러와 월가, 영어, 야구와 농구 & 풋볼 스포츠 문화, 흑인 파워 등에 부응한다.
— 마지막으로 맥락에 따라서 공룡 우세종이 바뀐다는 점.

때문이다. 미국美國은 말 그대로 아름다운 나라가 아닌 쥬라기 월드다. 그래서 미국을 공룡의 나라라고 하는 것은 맞지만, 어떤 특정 공룡의 나라라고 하는 것은 장님이 코끼리 만지기와 같을 수밖에 없다. 어떤 공룡의 나라가 되느냐 문제는 미국의 맥락

에 따라서 봐야 한다. 쥬라기 역시 트라이아스기와 백악기를 같이 봐야 하고 당시 지구의 기후와 지질 변화 맥락을 봐야 하는 것과 같다. 비유하자면 트럼프, 일론 머스크, 배스 따위가 지배하는 지금 미국은 육식 공룡이 날뛰는 미국이다. 나는 쥬라기 말 눈이 오고 기후가 변하는 시기 같은 현재 상황, 초식 공룡인 바이든 민주당의 실패, 맞수로 성장한 중국, 변화에 둔감하고 창조론과 미국 제일주의에 빠져 공부 안 하는 80% 미국인(「반지성주의 시대」 수잔 제이코비 저 참고), 이 넷이 미국을 이렇게 미친 육식 공룡으로 만들었다고 본다. 이런 맥락을 모르면 우리는 미국을 이해할 수 없다. 그만큼 맥락은 실체에 앞서며 실체를 규정하는 숨은 배후다. 트럼프는 극과 극 맥락에서 춤추는 티라노사우루스(수각투, '폭군 도마뱀'이란 의미) 광대일 뿐이다. 맥락이 바뀌면 광대는 사라진다. 그러니 우리는 광대 트럼프에 분노할 것이 아니라 미국의 쥬라기 월드 공룡 실체를 경계해야 한다. 트럼프만 겨냥한다면 우리는 정답을 놓치게 된다. 그만큼 맥락 읽기는 중요하다. 그래서 이 책에서는 특별히 맥락에 관한 글 두 편을 이어서 풀어보려 한다.

19. Context is King Kong 2- 맥락의 5 구분

광고 전문가인 친구가 전해준 말이 있다. 2023년인가 한국에서 아시아 광고 회의가 열렸는데 거기서 해외 연사가 맥락 사고의 중요성을 말하다가 "Text is king."이라고 하고는 이어서 "Context is King Kong."이란 말을 던졌다는 것이다. 콩^{Kong}은 영화 설정으로 보면 해골섬에 사는 원주민 말로 '왕'을 뜻하는데, 여기에 이 말을 모르는 외부인들이 '킹' 자를 덧붙여서 '왕 왕'이 된 중복 언어이다. 어쨌든 그 연사 말에 모두 빵 터졌는데 광고인이나 마케터라면 컨텍스트(맥락)는 너무 공감이 되는데 그 힘을 하필 강한 힘을 가졌으면서도 희비극으로 끝나는 가공 캐릭터인 킹 콩에 비유했기 때문일 것이다. 더구나 맥락을 무시하고 파편적 지식이나 트렌드 따위만 나르는 쇠똥구리들에게 킹 콩은 넘사

벽 존재이므로.

맥락脈絡. context은 사전에,

1. 혈관이 서로 연락된 계통. 맥과 경락

2. 사물 따위가 서로 이어진 관계나 연관

으로 나온다. 맥락이 닿지 않으면 위험하다. 어떤 유튜버가 지난 2년간 한국의 무역적자가 북한보다 커져 세계 하위권으로 추락했다고 했다. 이 주장은 앞뒤 통계자료와 맥락 해석을 빼고 SNS에 삽시에 퍼졌다. 비교 자체가 이상하지 않은가? 그래서 관련 통계자료를 보니 미국, 일본은 한국보다도 아래였다. 코로나19, 우크라이나 전쟁 등으로 곡물과 원유 국제 원가가 올라가면서 수입을 많이 하는 나라(특히 선진국)에 공통으로 나타난 현상이었다. 흑색선전에 자주 쓰이는 전형적 왜곡. 덕분에 여러 사람 바보가 되었다.

맥락의 구분

맥락은 일단 ▲사회적 맥락, ▲관계의 맥락, ▲텍스트 내에서의 맥락, ▲시공간의 선후 맥락 그리고 ▲상징 혹은 신화적 맥락으로 구분할 수 있다.

사회적 맥락은 어떤 일이 벌어졌을 때 그 해석을 제대로 하려면 당시 사회를 알아야 제대로 할 수 있는 맥락을 말한다. 히틀러와 나치가 독일인에게 열렬한 호응을 받은 것은 1차 대전 이후 연합군이 동맹군 특히 독일에 가했던 살인적인 변상금이란 상황을 이해해야 하고 또한 당시 유대인들이 유럽 전역에서 -돈만 아는 종족이란 이유로- 별로 환대받지 못했던 상황을 고려해야 한다.

관계의 맥락은 다음과 같은 것이다, 뉴턴이 했던 말 "제가 더 멀리 보았다면 거인들의 어깨 위에 올라서 있었기 때문일 겁니다."는 겸손한 표현으로 오해들을 하지만 사실은 당시 영국 왕립학회의 경쟁자였던 로버트 훅(키가 작았다)과 오간 편지에서 오히려 과학자다웠고 겸손했던 로버트 훅의 편지에 대해 조롱 혹은 오만한 뉘앙스를 풍기는 말이었다. 당시 둘 간의 이런 관계 맥락을 모르면 뉴턴이 겸손한 과학자로 비추어지기 쉽다. 더구나 그 말은 뉴턴이 처음 한 말이 아니고 그전부터 전해져 오던 말이라고 한다. 맥아더가 고별사에서 했던 "노병은 죽지 않는다. 다만 사라질 뿐이다."도 마찬가지다. 원래 미군들이 영국의 복음성가 "Kind Thoughts Can Never Die"를 개사하여 불렀던 군가이다. 맥아더는 자신을 소환한 트루먼에 대한 적개심도 여기에 담았다.

텍스트 내에서의 맥락은 우리가 대체로 알고 있는 책이나 영화 등 콘텐츠 내에서 해석의 의미이다. 책이나 칼럼, 대화에서 맥락을 떼고 단지 몇 마디 말만 따서 악의적으로 퍼트리는 유튜버나 하류 언론 혹은 B급 정치인들이 많은데 이는 오도나 왜곡을 일으킨다. 황색 저널리즘이나 부분만 포커싱하는 포르노, 흑색선전이 이를 대표한다.

시공간에서의 맥락은 시간과 공간의 변화 속에서 파악하는 것이다. 크리스토퍼 놀란 감독의 영화 〈메멘토〉에서는 사고 이후에 단기 기억 능력을 상실한 주인공이 나오는데 감독은 여기서 교묘한 혼란을 일으킨다. 즉 컬러로 나오는 장면은 점점 시간을 거꾸로 해서 과거로 가고 흑백으로 나오는 장면은 시간이 정주행하는 구성이다. 관객들은 여기서 심한 혼란을 느끼게 되는데 역사 해석도 이와 같다. 중국의 제자백가들 사상을 제대로 이해하려면 노자, 한비자, 장자, 공자, 묵자, 맹자 등이 살았던 시대순을 이해해야 그들의 사상을 이해할 수 있다. 참고로 이들을 출생 연드 순으로 보면 노자-공자-묵자-장자-맹자-한비자 순이다. 뉴턴 방식으로 말하면 뒷사람은 앞사람의 어깨 위에 올라설 수 있었다. 한편 피카소, 칸딘스키, 살바도르 달리 등 화가는 공간적 맥락을 뒤바꿔서 인식에 충격을 준 것이다.

마지막으로 상징 혹은 신화적 맥락은 그것들이 흔히 메타포로 표현되었음을 이해하는 것이다. 학교 교육에서는 이를 너무 많이 왜곡해서 그 메타포를 실제로 받아들이게 하는 교육을 하는데 나이가 들어서도 이를 곧이곧대로 믿으면 바보가 된다. 예를 들어 단군 신화에 나오는 호랑이와 웅녀는 호랑이 토템, 곰 토템을 믿던 두 부족이 북방에서 내려온 환웅 철기 부족에게 저항과 순응하는 과정에 대한 메타포다. 곰이 어떻게 쑥과 마늘을 먹고 여자가 되겠나? '지네와 싸워 처녀를 구한 두꺼비 이야기'에서 두꺼비는 처녀를 사랑하는 여드름 총각, 처녀를 희생물로 요구하는 지네는 그 지역의 못된 수령의 메타포로 이해해야 한다. 따라서 구조를 보면 춘향전과 같다. 「삼국사기」 등 역사책에서 시가지에 구미호가 나타났거나 갑자기 큰 홍수가 났다는 것은 자연적 사실이라기보다 왕족 중 누군가 못된 짓 혹은 반란을 일으켰다는 것(역사가로서는 차마 기술할 수 없는)의 암시이다. 서구 설화에서 자주 나오는 '늑대와 소녀' 혹은 '늑대와 빨간 머리 소녀' 이야기 끝에서 소녀가 늑대에게 잡아먹힌다는 설정은 빨간 머리는 당시 사람들이 혐오하던 머리색 소녀 경고 차원에서 자주 등장하는 것이고 늑대, 즉 어떤 부족 우두머리에게 납치 혹은 겁탈당했다는 사실의 변형으로 봐야 옳다. 이런 전승 이야기들을 곧이곧대로 믿는 순진한 사람들을 위해서 나온 책들이 이른바 '성인을 위한 동화'가 되겠다.

20. Context is King Kong 3- 문학, 인류학, 심리학

　정보이론이나 생태학, 통계 그리고 문학, 예술에서도 맥락 이해는 매우 중요하다. 맥락은 킹 콩이니까! 헝가리 출신으로 〈소설의 이론〉 등을 쓴 문예 사상가인 루카치 죄르지, 루마니아 출신 프랑스 철학자로 〈숨겨진 신〉, 〈소설 사회학〉을 쓴 루시앙 골드만 등은 당대 사회 구조와 작가의 연관 관계에 주목하는 이론을 펼쳤다. 나는 대학생 시절에 그들에 매료되었지만, 루카치 책은 금서들이어서 원서 해적판으로 보았던 원통함이 있다. 르네 지라르가 〈낭만적 거짓과 소설적 진실〉에서 주장한 '욕망의 삼각형' 이론도 주체-대상-중개자라는 맥락에 주목한 이론이다. 러시아 형식주의는 소쉬르의 언어 구조주의에 영향을 받은 학파인데 텍스트의 내용보다는 형식에 주목해서 분석한다. 전체 내용을 작게 쪼개고 그들을 요소화해서 요소 간에 어떤 구조를 만드는지 보는 방식인데 그렇게 나누면 세계에 공유되는 많은 설화가 내용은 달라도 형식은 같은 동형 계통 설화가 된다. 신데렐라- 바실리사와 마녀 바바야가- 콩쥐팥쥐 등은 같은 설화로 묶이는 것이다.

과거에는 창작은 천재적 작가가 홀로 힘으로 쓰는 것이라고 믿었었다. 그러나 이런 맥락 연구가 진행되면서 그런 가설은 많이 약해졌다. 맥락이 한 작가를 통해서 발현되는 것으로 말이다. 피카소, 살바도르 달리, 칸딘스키 같은 화가들의 걸작도 상당수는 시대를 반영한 것이다. 숨겨진 또 하나의 화가가 바로 시대라는 맥락인 것이다. 르네상스의 발흥은 천재적 예술가의 출현 이전에 아랍 문화, 그리스의 재발견 그리고 피렌체 로렌조 데 메디치의 절대적 후원을 빼고는 말할 수 없다(여기서 '메디치 효과'라는 다중 융합 경영의 이론이 나왔다). 이런 맥락을 알아야 우리는 해석을 제대로 할 수 있다.

이젠 이런 맥락들에 기초한 인류학, 심리학 학문 이론을 일부만 보도록 하자.

인류학에서의 맥락

세계의 문화는 매우 다양한데 문화는 맥락 그 자체다. 맥락을 모르면 그 문화에서 행해지는 것들을 이해할 수 없다. 프랑스 국민 배우 앤서니 퀸이 주연을 맡았던 영화 〈야생의 순수The Savage Innocents〉(1960)를 보면 선교사가 찾아와 말씀을 전하니 주인(앤서니 퀸)이 답례로 날생선 그리고 구더기(우리로 하면 번데기 정도)를 내놓는데 선교사는 기겁해 거절한다. 거기에다가 심지어 주인이 아내를 선교사와 동침하게 하려 하자 이 또한 거절한다. 주인은 모욕 당했다고 격노해 선교사를 살해한다. 선교사는 말씀은 알았지만, 극지방에 사는 에스키모의 문화 맥락을 몰랐던 때문이다. 주인은 살인자인가? 아니, 그는 제목처럼 '죄가 없는 야만인The Savages Innocents'이다. 극한 추위는 인간 삶의 모든 맥락을 바꿔버렸기 때문이다.

인류학에서 연구 대상은 그 자체로서 홀로 존재하는 것이 아니라, 그를 둘러싼 환경과 시간, 문화적 관습, 거대시스템 등과 밀접한 관계를 유지하면서 존재한다. 근세에서 현대로 넘어오기 전 서양은 오만과 편견의 집단이었다. 그들은 그들 문화만이 문명이라고 자만했다. 수백만을 죽인 마녀사냥과 종교 재판, 부패한 성직자, 늑대인간, 무도한 십자군 운동과 타락한 기사 문화, 황금과 은에 눈이 멀어 아메리카 인디언 도륙(영화 〈미션〉 참조) 등에 500년을 빠져들었던 그들이 산업화와 식민지에 성공했다고 말이다. 그 편견을 완화해 준 것이 인류학이고 특히 문화를 구조로 해석한 레비 스트로스 공이 일단 컸다. 미국의 인류학자 에드워드 홀은 맥락을 기준으로 '고맥락high-context 문화와 저맥락low-context 문화'를 나눈 바 있다. 고맥락 문화는 개인주의보다는 집합주의 문화에서 주로 발달하는데, 별도로 명시된 바 없이 같은 문화권 내에서 그것이 자명한 것으로 암묵적 인정되는 부분이 많은 문화다. 비언어적이고 상황 중심적인 메시지를 자주 쓴다. 소통이 더 효율적이고 빠른 편이다. 다만 다수를 점하는 구성원과 배경 요소가 다른 구성원이라면 소통 오류가 발생해 공동체 내의 의사소통을 저해하기도 한다. 주 구성원 간에서도 오해가 잦은 편이라 이 문화권은 대체로 개떡같이 말해도 찰떡같이 알아듣는 것이 미덕이 되며 눈치 문화가 발달한다는 특징을 갖고 있다. 일반적으로 고맥락 문화권은 동아시아에서는 일본 〉한국〉중국 순이고 아랍, 남유럽, 라틴아메리카 국가들도 해당한다. 중국의 꽌시關係, 일본의 혼네本音와 다테마에建前+파벌주의 그리고 한국의 눈치 문화, "거시기", "우리가 남이가?" 등이 그런 흔적들이다. 이런 문화에서는 언어 사용에서 주어와 목적어가 곧잘 생략되는 경향이 있고 친척의 죄를 신고하는 문화가 적다(영화 〈이끼〉 참고).

저맥락 문화는 반대다. 전달 메시지들이 언어나 서면으로 확실히 정리되어 있어야 하며, 문화 내에서 암묵적으로 인정되지 않아 상세한 의미(textual+이미지) 전달이 중요하다. 일반적으로 합리주의가 발달한 18세기 이후 영미권, 독일, 네덜란드 정도가 거론된다. 유럽이라도 프랑스, 이탈리아, 스페인 등은 제외된다. 언어에도 그 흔적이 짙게 남아 있다. 주어, 목적어가 분명해야 한다. 고맥락과 저맥락 이 두 문화는 충돌하기 쉽다. 일본인이나 한국인 중 젊을 때부터 저맥락 문화권에서 유학하고 온 이들이 귀국해 사회 적응에 어려움을 겪는 이유가 그것 때문이고, 같은 나라에서도 지방으로 갈수록 적응의 어려움은 높아진다. 그런데 여기서 해석을 잘해야 한다. 고맥락, 저맥락을 구분하기 어렵다는 점 때문이다. 에드워드 홀의 이 구분은 얼핏 들으면 맞는 듯하지만 이걸 너무 믿으면 현실에서는 곤욕을 치를 수 있다. 예를 들어 일본의 어떤 60대 남자를 보고 고맥락 문화 사람이라고 이해했는데 뜻밖에 그가 미국 유학자 출신이거나 뭔가의 이유로 MBTI가 전혀 다른 저맥락 사람일 수 있기 때문이다. 한국도 마찬가지. MZ세대가 그 앞 세대처럼 과연 고맥락 문화 세대일까? 직장 상사들이 90년생보고 "어이, 개떡같이 말해도 좀 찰떡같이 알아들어." 하면 돌아올 답은 뻔하다. "상무님, AI에 물어보면 개떡과 찰떡은 분명히 다른 걸로 나오는데요?" 이들은 아마도 조직에서는 갑질 신고나 청원, 학부모가 되면 학교 찾아가서 학생 인권 따지는 것도 열심히 할 가능성이 크다.

심리학에서의 맥락

심리학에서 맥락은 회상recall이나 인지 등 분야에서 어떤 대상,

정보 자체와는 별 관계가 없지만, 그것이 제시되거나 자극이 되어 원래 목적한 대상이나 정보를 회상하는 상황을 가리킨다. 예를 들어 50대들이 만난 동창회에서 A의 "너, 그 여자 아직도 못 잊었어?" 질문에는 B가 전혀 기억해 내지 못하다가, A가 "가슴에 늘 두꺼운 영문학 사전 들고 다니던 걔 말이야."라고 말하자, 문득 인출 고리가 이어지면서 B가 "아, 그 엉터리 사전!"이라고 뒤늦게 회상해 내는 현상 같은 것. 여기서 영문학 사전이 맥락적 단서 contextual cue가 된다.

지각심리학에서는 게슈탈트Gestalt 개념을 내세운다. 예를 들어 종이에 찍힌 임의의 점 세 개를 보고 삼각형이라고 믿거나, 하늘의 별을 보면서 큰곰자리의 북두칠성이라는 형태를 만들고 이름을 붙이는 지각 현상이 게슈탈트다. 다음의 그림을 보자.

두 여자가 숨어 있다. 옆모습의 할머니와 뒷모습의 소녀. 여기서 우리는 세상을 보는 우리의 인지에 어떤 한계가 있음을 자각할 필요가 있다. 특히 자기가 아는 부분에만 집착하는 사람들은 더 그렇다. 심리학, 철학에서는 '게슈탈트-부분이 모여서 된 전체가 아니라, 완전한 구조와 전체성을 지닌 통합된 전체로서의 형상과 상태'라고 정의한다. 그런데 이는 분명한 지각 오류이다. 하늘에 큰곰자리는 없다. 별은 그냥 무질서하게 있는 것이다. 심리학 분파 중 인지심리학의 의사결정 관련에서도 맥락이 인간의 판단과 의사결정에 영향을 미친다는 언급이 있다. 이를 마케팅에서도 활용한다. 상품 구성에서 보통 월급으로는 도저히 살 수 없는 값비싼 프레스티지 제품과 값이 싼 매스 브랜드 사이에 이른바 중가대인 매스티지 브랜드를 넣으면 구매자는 맥락을 바꿔 판단하게 된다. 그래서 (그래도 한 달 치 월급 정도인) 매스티지 브랜드를 구매한다. 뒤에서 최종 웃는 이는 물론 심리 설계자다.

21. 폭력의 해석, 해석의 폭력

이번 장은 좀 길다. 폭력은 그만큼 보편적이면서 치명적이기 때문이다. 그리고 거기엔 해석의 문제가 깊이 개입한다. 다음 장 주제인 '질투'와도 연결되어 있다.

"인간은 어떻게 폭력적인 동시에 폭력의 반대편에 설 수 있을까?"

이는 한강 작가가 2024년 12월 7일 스톡홀름 한림원에서 노벨 문학상 수상 기념 강연에서 인류에 물은 말이다. 21세기도 20년이 지난 시점에 이런 말이 나오다니! 이날은 한국에서 윤석열 대통령이 12.3 친위 쿠데타를 일으킨 지 4일째 되는 날이었다. 본인이 가진 권력도 모자라 비상계엄으로 역사상 초유의 의회 폭력을 행사한 바로 그날로부터 4일째 날이었고, 국민의힘 대부분 의원이 그 폭력을 정지시키려는 국민에게 탄핵 투표 불참이라는 2차 폭력을 가한 날이었다. 거의 모든 걸 다 가진 자들이 더 가지려고 폭력을 행사했다는 점에서 이는 매우 충격적인 사건이었다. 인간에게 폭력은 과연 본능인가?

폭력 인간

유명한 '스탠퍼드 교도소 실험'이 있다. 천사였다가 악마로 화한 루시퍼 이름을 따서 '루시퍼 효과Lucifer Effect'라고도 한다. 스탠퍼드 대학교의 필립 짐바르도 심리학 교수가 1971년에 한 심리학 실험이다. 돈을 받고 참가한 평범한 실험 참가자들에게 1군은 간수, 2군은 죄수 역할을 줬을 뿐인데 간수 역할 참가자들이 단 며칠 만에 폭력적으로 돌변해 죄수 참가자들에게 가혹한 폭력을 행사한다는 실험이다. 이 실험은 후에 조작으로 드러났지만, 어쨌든 이 실험은 자기는 비폭력적이라고 생각하는 많은 평범한 이들을 놀라게 했다. 아랍 지역에 파견된 딸이 이슬람 반군 포로들에게 잔인한 가해 행위를 했다는 아주 명백한 동영상을 보고도 그녀의 엄마는 "우리 착한 딸이 그럴 리가 없어요. 이건 제 딸이 아니라고요"라며 강하게 부인했다. 많은 사람은 이처럼 자기 안의 폭력성을 인정하지 않는다. 가족은 물론이고 어린이들 간에도 왕따, 이지메, 학폭 등 폭력은 흔하게 발생한다. 최근 일본에서 문제가 되는 현상 중에 '카스하라'가 있다. 고객이 서비스업 종사자를 괴롭히는 행위로 영어 '고객customer'과 '괴롭힘harassment'의 합성어다. 서비스업 종사자 47%가 피해 경험이 있고 직원 간에 발생하는 '파워하라(power harassment, 직장 내 괴롭힘)', '마타하라(maternity harassment, 임산부 괴롭힘)'도 문제라는데 이를 보면 과연 일본인이 상냥한 민족이라는 속설이 맞나 싶을 정도다.

이처럼 폭력은 사랑이나 욕망만큼이나 오래된 본능(?)처럼 보인다. 그렇다면 폭력은 어떻게 해석해야 할까? 먼저 폭력의 정의를 보자.

폭력暴力. violence : 남을 거칠고 사납게 제압할 때 쓰는, 주먹이나 발 또는 몽둥이 따위의 수단이나 힘. 넓은 뜻으로는 무기로 억누르는 힘을 이르기도 한다.

이는 폭력에 관한 어학사전 내용이다. 한자로 폭력을 말할 때 폭暴은 머리에 있는 일(日. 해)과 관련되어 있다. 금문에는 곡식을 말리는 따가운 해라고 폭을 설명한다. 여기서 사납다, 거칠다는 뜻이 파생했다. 요즘처럼 폭염에 말라가는 곡식들을 보면 원시 농경사회에서 농부들에게 그 폭력이 얼마나 치명적인지 가늠할 수 있다. 일日이 두 개가 들어 있는 爆(曝)은 쬐다, 햇볕에 말리다라는 뜻이다. 영어 violence는 뜻밖에도 보라색^{violet}에 연관된 용어로 과거에 권력자가 주로 보라색 의상을 입은 데서 기인했다고 한다. 자연의 폭력, 권력의 폭력이 어원에도 이미 담겨 있는 것이다. 이 사전적 정의는 그러나 우리가 느끼는 폭력의 100분의 1도 설명하지 못한다. 죄목에 폭력이란 말이 있든 없든 타자에게 유무형의 고통을 주는 모든 행위, 즉 신체, 재산, 관계, 인권과 명예, 정신 영역에 가해는 기본적으로 폭력이다. 이것이 없던 역사, 사회는 없었다. 그만큼 폭력은 아주 오래전부터 현재까지 유형, 무형으로 그리고 개인부터, 단체, 조직, 사회, 국가, 자연에 의해 인간 주변에 존재해 왔다(「우리 본성의 선한 천사」(스티븐 핑커 저 참고). 구약성서에 나타난 폭력을 보면 사랑보다 더 오래된 행위로 보인다.

폭력의 보편성

사례 1) 늦가을 밤 10시 무렵 광화문 사거리. 정류장에서 버스를 타려고 기다리는데 뒤에서 철썩- 그리고 또 철썩- 소리가 귀를 때렸다. 뒤를 보니 여러 대기자 무리 중에 한 젊은 남녀가 있었는데 남자가 마치 기계처럼 무표정하게 여자 얼굴을 때리고 있었다. 가로등 덕분에 남자의 표정은 확실하게 보였다. 창백한 얼굴. 여자는 비명을 지르며 몇 차례 그냥 맞다가 못 견디겠는지 가방을 들어 남자를 공격했다. 이번에는 남자가 무표정하게 여자가 휘두르는 가방에 맞기만 했다. 사람들은 이 묘한 상황에 그들 관계를 생각하느라 말릴 생각도 못 했다. 이것은 무슨 폭력인가? 대화로는 풀 수 없는 폭발인가?

사례 2) 중학교 1학년 때 저녁에 골목길에서 친구들과 놀다가 아버지를 만났다. 아버지 손에 신문으로 둘둘 만 뭉치가 있었다. 그걸 냉큼 받지 않고 멀뚱히 보고 있다가 그걸로 얼굴을 맞았다. 비린내가 물씬 풍겼다. 친구들이 옆에서 그걸 봤다. 아버지, 왜요? 아버지가 뭔가를 손에 들고 오신 것은 그때가 처음이었을 것이다. 그보다 어릴 때는 고깃국을 먹지 않는다고 아버지에게 주먹으로 머리를 맞았다. 두 번 다 아버지가 파산하고 도망치듯이 집에 들어와 기꺾이고 숨죽어 계시던 때였다. 아버지가 왜 때렸는지 좀 더 커서 이해했다. 30년 후 나도 내 아이들을 때린 적이 있다. "매를 아끼면 아이를 망친다."는 속담을 믿고 한 건데 잠이 안 왔다.

폭력이 이런 것이다. 상처를 주고 그것이 가해자나 피해자 기억에 남는! 평생을 살면서 이런 폭력을 쓰지 않은 사람, 폭력에 당하지 않은 독자는 아무도 없을 것이다. 어려서 태어날 때 삼신할미가 아이 엉덩이를 철썩 때려 세상에 내보내는 전설부터, 부모나 선생님이 가하는 사랑의 매, 군대의 얼차려, 관계와 제도에서 오는 무형 폭력, 폭력 영화, 2025년 5월 1일 내려진 대법관 10인의 법 폭력까지 폭력은 편재한다. 카프카의 유명한 소설인 「변신」은 기본적으로 이런 관계와 제도에 의한 실존적 폭력을 다룬 것들이다. 연관 용어도 많다. 폭력, 성폭력, 가정폭력, 언어 폭력, 제도 폭력, 학폭, 데이트 폭력. 어떤 식물에는 무섭게 작렬하는 햇빛, 쉼 없이 쏟아지는 폭우도 자연의 폭력이다. 우리는 그걸 거쳐야 할 시련으로 오해석하기도 한다. 최고의 마카로니 서부극 중 하나로 꼽히는 〈옛날 옛적 서부에서(1968)〉처럼 폭력은 아이의 성장을 위한 시련이 되기도 하지만 그래도 그것은 폭력이다. 그 결과는 과정이 아무리 영웅적이라도 결국 영화 〈대부〉 시리즈의 결말처럼 끝난다.

폭력 연구는 철학, 사회학, 정치학 등에서 주로 이루어지는데 과연 얼마나 이루어질까? 내가 인터넷을 검색해 보니 폭력을 기술한 내용은 그냥 흥밋거리인 '마법사', '판타지', '신비 집단' 등 검색어에 비해도 훨씬 적었다. 학문적 연구 내용도 알려진 것으로는 「휴머니즘과 폭력」(메를로퐁티), 「폭력과 성스러움」(르네 지라르), 「광기의 역사」(미셸 푸코), 「우리 본성의 선한 천사」나 미국의 국가 폭력을 고발한 촘스키의 「은밀한 그러나 잔혹한」, 하워드 진의 「달리는 기차 위에 중립은 없다」, 소설 「앵무새 죽이기」, 「분노의 포도」 등 얼마 되지 않는다. 그렇다고 정말 그렇게 적은 걸까? 아니면 너무 일상화되어 폭력임에도 폭력으로 안 보는 걸까?(실제로 나는 가브리엘 마르케스의 환상 미학 소설 「백년 동안의 고독」을 남미의 오랜 폭력을 다룬 리얼리즘 소설로 보지 못했고 주요섭의 「사랑 손님과 어머니」도 여성에 가해진 폭력-사랑을 숨긴 채 떠나보내야 하는 과부에 대한 사회적 억압- 소설로 보지 못했었다)

인간은 원래 '폭력 인간$^{violent\ mankind}$', 더 나아가 '폭력 생명체 $^{violent\ creature}$'인 것일까? 만일 폭력이 본능이라면 폭력은 어떻게 해석할 수 있을까?

폭력의 다섯 유형

인류는 아주 오랫동안 사냥을 했던 유전자를 아직도 가지고 있다. 사냥은 동물에 가해지는 원초적 살상 폭력이다. 고대의 사냥은 두 가지 루트, 즉 놀이와 폭력 코드로 전해졌을 것이다. 그 흔적은 특히 스포츠에 강하게 남아 있다. 스포츠는 심신 단련을 주된 목적으로 하는 체육$^{Physical\ Education}$과는 다르다.

*참고) Sport: 중세 프랑스어 단어 'Disporten'에서 앞부분이 떨어져 나가 'Sporten'이 되었고, 이 두 단어가 각각 현대 영어의 'Disport'와 'Sport'가 되었다. Disport는 Disport oneself의 형태로만 쓰이는 동사로 즐기다, 장난치고 놀다라는 뜻이다. Disporten은 '옮기다', '떠나보내다'의 뜻을 가진 라틴어 'Deporto'에서 유래했다. 결국 Sport는 지루하고 피곤한 일상을 떠나보내고, 기분을

전환하고 신나게 논다는 의미에서 나온 말이다. 오늘날 스포츠는 전략을 기초로 몸을 움직이거나, 머리를 써서 진행하는 게임, 오락 행위를 말한다. 규칙, 경쟁, 승리가 특징이다.

여기서 포인트는 승리다. 사냥과 전쟁은 생존과 승리를 추구한다. 당연히 폭력을 수반한다. 국제 평화(?) 제전이라는 올림픽 종목 다수는 고대인의 전쟁과 사냥에 필요했던 달리기, 던지기, 쏘기, 레슬링, 서바이벌 흔적 집합체. 놀이처럼 보이는 컬링조차도 상대방 스톤을 쳐서 날리는 폭력이 끼어 있다. 축구는 물론 집단 사냥 본능을 스포츠로 옮긴 것이다 (「축구 종족」 데즈먼드 모리스 저. 참고. 쫓는 공은 목표 짐승, 골은 짐승의 죽음을 상징). 그래서 축구에 대한 열광은 곧 집단 간 폭력으로 이어지기도 한다. 놀이와 스포츠가 없는 민족이 없는 것처럼 폭력이 없는 문명은 없다. 어린이와 여성은 폭력적이지 않다는 가설을 당신은 믿는가? 오, 헬. 폭력은 나이, 성별 가리지 않는다. 노벨 문학상을 받은 윌리엄 골딩의 인간 본성 탐구 소설 「파리 대왕 Lord of the Flies」, 인류 이주프로젝트 SF 영화 〈보이저스〉 등을 보면 10대들도 틈만 나면 서로 공격한다. 오늘날 학교는 은밀한 그러나 잔혹한 사냥터이기도 하다. 여성 인권을 외쳤던 「인형의 집」을 썼던 나라가 노르웨이이지만, 그 나라의 페미니스트 게르드 브란튼베르그가 쓴 소설 「이갈리아의 딸들」을 보면 여자들도 권력을 가지면 남성의 거울처럼 똑같이 남성을 폭력적으로 대한다. 폭력은 신사, 숙녀, 성인, 죄인도 휘두른다. 완화될지언정 없어지지는 않는다는 것을 인정하는 것이 차라리 편할 것이다. 오늘날 영화나 웹툰, 게임 등에서 폭력이란 요소를 빼면 텍스트가 거의 성립하지 않을 정도다. 폭력은 해석 여하에 따라서 폭력인지 훈육인지 아니면 유희인지 달라지기도 하는 야누스다. 아버지가 나를 때린 것은 훈육인가? 폭력인가? 최소한 유희는 아닐 것이다.

오늘날 폭력을 나누는 기준은 여러 개가 있다. 주체가 누구냐(성, 지위 등), 수단이 뭐냐(흉기, 언어, 제도 등), 목적이 뭐냐(약탈, 훈육, 공격 혹은 방어 등), 직접이냐 간접이냐(공주 대신 시녀를 대신 때리는 따위), 명시형이나 은닉형이냐(가스라이팅, 스토킹 따위). 나는 지금 시대에 가장 엄격한 기준인 '성폭력의 정의' 기준을 해석 특이점으로 적용해 '피해자가 수용하는 감정 내용'으로 유형을 나누려 한다.

1. 훈육형 폭력: 지도 위치에 있는 자에 의한 폭력. 일명 사랑의 매, 선생님의 회초리. 피해자는 아픈만큼 성숙해지는 교육으로 수용한다.
2. 의례형 폭력: 입학이나 졸업, 성인식, 결혼, 진급, 입문 때에 가해지는 통과 의례 폭력. 피해자는 축하나 소속감 강화 등의 사인으로 즐겁게 받아들인다.

3. 경고형 폭력: 피해자에게 고함을 지르거나 옷을 찢거나 혹은 집 앞에 피를 바르거나 죽은 쥐를 가져다 놓는 행위. 피해자는 가벼운 공포감을 일으키며 그에 대해 예비하거나 순응·거부 등으로 태도를 형성한다.
4. 위해형 폭력: 신체에 해를 가하되 치명적이지는 않은 협박성 폭력. 피해자는 심한 공포를 느낀다.
5. 말살형 폭력: 죽음이나 파산으로 끝나는 폭력. 피해자는 모든 것을 뺏기는 파국으로 이어진다.

1, 2번은 '낮은 수준의 폭력'이다. 대체로 삶에 자극을 주거나 관계를 형성하는 촉매 행위로 간주한다. 간혹 도가 넘쳐 위해나 말살형(호러물에서 장치로 활용)으로 끝나기도 하지만 그럴 의도가 없는 경우가 대부분이다. 이것은 인간을 성숙하게 하고 관계를 새롭게 만드는 형식으로 통한다. 이것을 법과 제도로 과도하게 통제하면 동물 농장 같은 삶을 살아 나가는 데 필요한 최소한의 공격력과 결속 문화가 약해질 수도 있다. 어쩌면 이것들은 사냥이라는 유전자가 놀이 코드로 전승해 온 것일 수도 있다. 이들조차 100% 제거해야 한다는 사람이 있다면 글쎄, 나는 회의적이다. 그게 가능할까? 그리고 그것이 옳은 것일까. 인간 몸에 묻은 때와 세균을 다 제거한다고 인간이 과연 건강해질까? 부모들은 왜 자식들에게 태권도 같은 격투 무술을 가르칠까? 라는 의문과도 같은 것

이다. 단, 가스라이팅gaslighting은 교묘한 말로 피해자에게 종종 '나를 위해서 하는 거야'라는 착각을 일으켜 1번 외형을 띠지만, 실질적으로는 4번에 가깝다.

3, 4번은 가혹한 정도로 보면 '중간 수준 폭력'인데 과거에는 잠재적 죄인을 향해 돌 던지기, 침 뱉기, 따귀 때리기, 나쁜 소문 퍼뜨리기, 격리, 추방 등으로 행해졌다. 지금 한국이나 일본, 미국 등의 학교나 젊은 층 혹은 기득권 등에 증가 추세인 차별과 혐오문화(남혐, 여혐, 흑인, 아시안 혐오 등)나 스토킹, 왕따(이지메), 학폭 등도 이에 해당한다. 좀 더 은밀해졌다. 이들은 사실 공동체를 지키기 위한 수단으로서의 기능도 한다.

마지막으로 5번은 '파멸 수준의 폭력'으로 피의 처벌이 일상적이었던 고대 구약 시대에서부터 마녀사냥, 늑대 인간, 드라큘라 백작, 단두대 이야기가 넘치는 중세까지 가장 심했다가 인권 의식이 강화되어 재산 처벌이나 구속형으로 바뀌는 현대까지 나타난다. 사냥 본능이 그대로 남은 두 번째 공격 코드로 역사에서 가장 빈번하게 기록으로 남은 폭력이다. 죽을 정도의 구타나 고문부터 일부 신체 절단, 살해, 처형, 가족 몰살, 부관참시 등. 오늘날 대중매체를 보면 추격, 복수, 살인, 테러, 인간 사냥 등을 테마로 한 것이 넘치며 이를 관람하는 것을 즐기는 이들이 꽤 많은데 어쩌면 사냥 본능에서 온 관음증일지도!

갑과 을, 누가 폭력을 사용하는가?

아마 조직에 몸담은 이라면 '왜 갑질은 이 장에서 폭력으로 안 다루나?' 불만일 것이다. 갑질은 현재 2,700만 명에 달하는 한국 직장인들에게는 가장 현실적인 폭력이니까. 갑질은 우리가 계약서를 쓸 때 돈을 내는 의뢰자가 갑, 그 일을 수행하는 회사가 을로 설정한 데서 유래한 말이다. 갑은 을에 대해 대체로 폭언, 무리한 일정, 뇌물이나 향응 요구, 단가 후려치기, 꼬리 자르기 등의 행태를 벌여 '갑질'이라는 말로 변한 용어다. 이로 인한 자살, 우울증, 자존감 와해와 경제 정의 파괴 등 피해 사례가 많아서 이는 3, 4번 유형에 해당하는 폭력이다. 갑질은 계약상 갑의 을에 대한 준 폭력부터 인사권을 가진 상사의 부하에 대한, 실력자의 훈련자에 대한, 임대자의 임차자에 대한 부당한 행위 등에 해당한다.

그런데 참 희한한 게 갑-을의 관계는 하나로만 끝나는 게 아니라는 점이다. 기업에서 일이 주어지는 발주 단계를 보면 통상 갑-을만이 아니라 병-정 등으로도 이어진다. 그런데 이 관계가 만만치 않게 복잡한 이유는 한 곳에서는 을인 사람이 병에게는 갑이 되고 기업의 갑인 사람도 그 기업 조직에서는 자기 상사에게 직위상 을이 되기도 하기 때문이다. 그럼, 마지막 고리인 정에게는 을이 없을까? 아니. 있다. 생태계의 먹이사슬을 떠올려보라. 사슬의 가장 밑인 풀도 뭔가 페로몬을 뿌려 누군가를 죽이기도 한다. 그런 식으로 정T도 가정의 부인이나 자식들 혹은 분노를 풀러 간 술집 종사자에겐 카스하라 갑이 된다. 어떤 여성들은 쇼핑몰에 가서 갑질을 하는데 어쩌면 그녀도 누군가 갑에게 당하고 와서 화를 푸는 걸지도 모른다. 고객 센터 직원들이 감정 노동에 시달리는 이유다. 그중에는 아마 고리상의 정 그룹 고객도 많을 것이다. 범죄 용어를 쓰면 주범과 종범, 교사자와 피해자 1, 피해자 2를 가리기가 어렵다. 숨은 폭력이 많은 것이다. 언론은 이런 관계 중에 일부만 잘라 보도한다. 그러면 갑을의 복잡한 고리를 알 수 없다. 세상 모든 행위는 다 고리 속에 있다. 복잡계 용어를 쓰면 여기에도 나비 효과가 있는 것이다. 이 사슬이 갑질 문제 해법을 어렵게 한다.

이들은 다 자기 탓이 아니라 자기 윗선 때문이라고 핑계를 대며 실제 행위에서는 갑질을 한다. 그럼, 윗선들은? 그들은 "그런 저열한 일은 나는 모르는 일"이라고 꼬리를 자른다. 나치 조직의 고급 장교, 친위대, 기업인, 부역 독일 국민이 전쟁 후에 벌인 변명이 바로 그것이다. (「악의 평범성」 한나 아렌트 저, 「그날의 비밀」 에뤼크 뷔야르 저. 참조) 한국 일제 강점기 친일파들도 대부분 그랬다. "내가 원해서 한 것이 아니라고". 누릴 때는 '무법한 갑'이다가 책임을 물으면 다 '억울한 을'로 변한다. 이 관계에서도 보듯이 을에게도 책임이 분명히 있다. 기업에서 일을 해본 사람은 알겠지만, 을의 횡포(!)도 꽤 있다. 이건 직장 간 폭력에 대한 새로운 해석이 될 텐데 예를 들어 일정 안 맞추기, 담당자 수시 교체, 기만이나 거짓 보고, 불량 납품, 최악의 경우 갑의 작은 실수를 익명의 투서와 민원 고발 등이 그런 행위들이다. 보통 이런 것은 언론이 다루지 않는다. 시민들도 대부분 언더독underdog에 동정표를 던지기 마련이라 그런 문제는 폭력이 아닌 걸로 그냥 넘어간다. 그러나 이것도 폭력이다. 갑에게 상처를 주고 갑의 폭력을 유발하기 때문이다.

해석의 폭력

1846년 프랑스의 철학자면서 경제학자인 프루동이 「빈곤의 철학」 책을 내자, 카를 마르크스가 1847년 단어를 전치 시켜 「철학의 빈곤」 책을 내 프루동 이론을 나이브하다고 공박한 사건이 철학사에 있었다. 이를 따라 '폭력의 해석' 말의 순서를 '해석의 폭력'으로 바꿔보자. "오얏나무 밑에서 갓끈 매지 말고 오이밭에서 신발 끈 고쳐 매지 마라."라는 속담과도 관계되어 있다. 폭력의 6번째 유형이 되는 셈이다.

여러분도 익히 느꼈다시피 해석은 인간의 인지를 바꾸고 조작하는 힘이 있다. 그래서 종종 폭력으로 변질된다. 물론 권력자와 그 계승자들이 저지르는 폭력이다. 역사책에서 흔히 나타나지만 지금 한국인은 그다지 멀리 찾아갈 게 없다. 2024년 12월, 이 나라의 대통령이라는 사람이 일부 극우 유튜버 말만 믿고 상황을 엉뚱하게 해석해 머리가 돌았는지 비상계엄을 선포하고 선관위와 국회를 급습했다. 그 후 내란 수습 과정에서 사법부인 검찰과 대법원이 보여 준 판결, 즉 일자로 계산하던 것을 시간으로 계산해 윤석열 구속 취소(지귀연 판사), 사법부 1심과 대법원의 야당 후보에 대한 죄의 해석(조희대 대법원장과 10명의 대법관) 등 일련의 행태는 해석의 폭력이 무엇인가를 여실히 보여줬다. 최소한 국민 70%가 이에 분노했고 화를 못 이겨 잠을 이루지 못했고 경제는 요동을 쳤다.

해석의 폭력을 뒷받침하는 이론으로 가장 일반적인 것이 프레임 이론일 것이다. '프레임frame'은 원래 액자나 틀을 뜻하는 용어지만, UC 버클리의 인지 언어학자 조지 레이코프는 「코끼리는 생각하지 마」에서 '사람이 어떤 대상이나 사건을 해석하는 방식'으로 개념을 정립했다. 제목대로 "코끼리를 떠올리지 마라"라고 말하는 순간, 이미 머릿속에는 '코끼리'라는 프레임이 작동해서 저절로 떠올리게 된다는 표현인데 여기서 코끼리는 공화당을 상징하기도 하고 '방 안의 코끼리(뚜렷한데도 모두가 애써 무시하는 문제를 뜻하는 관용 표현)'도 뜻한다. 행동경제학에서는 일종의 편향으로 다루는데 프레임에서 객관적 사실은 전혀 중요치 않다. 인간의 행동수정을 목적으로 하는 분야, 즉 정치 선전, 상담, 최면과 세뇌 등에서 중요하게 다루어지는 개념이다.

〈나무위키〉에는 다음 같은 프레임 예시가 나온다.

어떤 법이 공공에 대한 초법적 행사로 인해 논의가 필요하다고 가정하자. 공격자는 다음과 같은 프레이밍을 시도할 수 있다.
― 공공의 질서는 개인의 자유를 침해하는 것인가? 아니면 개인의 자유를 보호하는 것인가?
― 개인은 공공의 안전에 대한 책임의 의무가 없는가?
― 개인의 자유를 위해 공공의 안전은 간과되어도 옳다는 것인가?

정당한 질문 같은데 여기엔 이미 상황을 오도시키는 프레임이 씌워져 있다. "공공의 질서는 개인의 자유를 침해하는 것인가? 아니면 보호하는 것인가?"라는 첫 번째 질문은, 논제를 의도적으로 양극화해서 선택지를 축소하는 이분법적 프레임이다. "개인은 공공의 안전에 대한 책임의 의무가 없는가?"와 "개인의 자유를 위해 공공의 안전은 간과되는 것이 옳은가?" 같은 질문의 경우 특정 가치 판단으로 논제를 유도한다. 이런 프레이밍에 대해 곧이곧대로 답하게 되면 답변자는 모순에 빠지게 된다.

프레임 이론으로 해석한 유명한 사례는 주로 리처드 닉슨의 워터게이트 사건 관련해서 닉슨의 셀프 "사기꾼" 발언("나는 사기꾼이 아닙니다"라는 닉슨의 해명은 국민에게 사기라는 프레임에서 닉슨을 보게 만들었다), 사람을 달로 보냈다가 안전하게 귀환시키겠다는 아폴로 계획(아폴로 계획을 발표할 1961년 당시에는 모든 우주개발 분야에서 미국이 소련에 뒤지고 있었는데, 미국은 이를 중장기의 기한을 걸고 "사람을 달로 보냈다 귀환시키겠다"라는 불가능에 가까운 목표를 제시하고 소련도 이에 참가하게 함으로써, 순식간에 미국과 소련의 우주개발 대결을 '문 레이스' 장으로 바꾸어버림), 미국의 유명한 O. J. 심슨 사건(1994년 6월 12일 NFL의 스타였던 O. J. 심슨의 이혼한 전처 니콜 브라운 심슨과 식당의 종업원이었던 론 골드만이 피살체로 발견된 사건. 피고인 측이 살인죄 여부를 다투다가 인종 차별 등의 쟁점을 부각하는 여론전으로 프레임을 변경) 등이 꼽힌다. 여기에 최근 사례로 트럼프 일당이 미국의 모든 문제를 이주민 추방과 관세 두 문제로 프레임 씌운 것과 한국 보수당이 진보당을 늘 빨갱이로 프레임을 씌우는 것을 들 수 있다.

해석의 폭력 사례로 하나를 더 꼽는다면 은유(메타포)다. 조지 레이코프는 이라크가 1990년 쿠웨이트를 침공했을 때 당시 아버지 부시 미국 대통령이 침공이라고 하지 않고 "이라크가 쿠웨이트를 강간rape했다."라고 은유한 것을 사례로 꼽는다. 이에 미국 국민은 격하게 반응하면서 미국의 이라크 공격을 찬성했다. 여기서 1차 걸프 전쟁이 발발했다. 그리고 10여 년이 지난 2003년에 이번에는 아들 부시 대통령이 2001년 9·11 테러 후에 충격과 공포에 빠진 미국인들의 편향된 애국주의를 고취하기 시작했다. 대사기극의 전조였다. 이라크를 '악의 축'으로 은유하면서 '대량 살상 무기WMD'를 만들어 2차 테러를 준비하고 있다고 미국민을 속여 2차 이라크 전쟁(2차 걸프 전쟁)을 일으킨 바 있다. 대량 살상 무기는 사실 실체가 없는 공포의 은유였다. 뉴욕 타임스 등 언론은 이런 은유를 여과 없이 국민에게 퍼 날랐다. 대량 살상 무기 주장이 선택적 조작이라고 폭로했던 언론은 나이트 리더(Knight Ridder, '제거하는 기사')가 유일했다(영화 〈충격과 공포〉(2018) 참고). 이 전쟁으로 미국은 사담 후세인은 제거했지만 2조 달러를 들였고 5만 명의 사상자를 냈으며 이라크는 100만 명의 사상자를 냈고 국가는 분열과 내전 상태로 접어들었다. 대량 살상 무기는 그 어디서도 발견되지 않았다. 뉴욕 타임스는 결국 대국민 사과문을 실었다. 이 전쟁은 현대 전쟁사에서 영국의 아편 전쟁과 함께 가장 부끄러운 전쟁이라는 오점을 남겼다. 해석의 폭력은 이렇게 무섭다.

22. 질투와 정열

폭력을 일으키는 감정적 기폭제는 공포, 과도한 경쟁 욕구, 승리나 성공 본능, 이성 상실 등이 있는데 그중 하나가 질투다. 질투는,

질투嫉妬: 1. 상대 이성이 다른 이성을 좋아할 때 지나치게 시기함. 2. 다른 사람이 잘되거나 좋은 처지에 있는 것 따위를 공연히 미워하고 깎아내리려 함. 3. 7죄종(七罪宗. 기독교 용어. 교만, 식욕, 시기, 분노, 음욕, 탐욕, 나태)의 하나. 우월한 사람을 시기하는 일.

질嫉, 투妬의 한자엔 여성들은 열받겠지만 다 계집 녀女 변이 들어간다. 질은 여자와 병疾이 합쳐진 말이고 투는 여자와 돌石

이 합쳐진 말이다. 주술로 병을 주고 폭력으로 돌을 던지는 행위가 연상이 된다. 여성들이 주로 하는 것이라는 뉘앙스를 주지만 남자들 질투도 만만치 않다. 프랑스 철학자이면서 소설 이론가인 르네 지라르는 「성스러움과 폭력」에서 카인과 아벨처럼 형제나 짝패 간의 질투 욕망에서 오는 치명적 폭력을 묘사한 바 있다. 이르네 지라르가 다시 주목받고 있다. 2024년 미국 부통령 후보로 지명된 J.D. 밴스가 지라르 이론을 자신의 신앙과 정치적 세계관의 토대로 삼으면서, 지라르의 모방 욕망mimetic desire과 희생양 메커니즘scapegoat mechanism이 미국 우파의 새로운 지적 교범으로 떠오르고 있다는 것이다. 글쎄, 지라르 본인은 우파 사고에 동의할 것 같지는 않다만.

질투의 영어는 jealousy, envy이다. 이중 jealousy의 어원이 되는 젤로스Zelos는 그리스 신화에 나오는 질투의 신이다. 그리스인들은 초자연이나 인간의 감정, 제도 등도 다 신격화했었는데 이들은 인간의 힘으로 통제가 힘들며 또한 인간사에 깊이 개입해 영향을 미치기 때문이다. 그래서 질투도 사랑, 정의 등과 함께 당당히 신의 반열에 올라간다. 젤로스는 티탄 신족의 하나인 전쟁과 전쟁 기술의 신 팔라스와 오케아니스 스틱스 여신 사이에서 태어났으며 승리의 여신 니케와 힘·용감·무용·폭력의 신 비아(Bia, 그리스어로 폭력), 힘의 신 크라토스의 형제이다. 제우스가 티탄 신족과 전쟁을 벌일 때 어머니, 형제들과 함께 제우스를 도왔다. 이들 형제와 관련된 신화가 프로메테우스인데 고대 그리스의 비극 시인 아이스킬로스의 〈포박된 프로메테우스〉에 따르면, 제우스가 헤파이스토스, 비아, 크라토스를 시켜 카우카소스(그리스 신화에서 티탄 신족인 크로노스에게 죽임을 당한 양치기. 프로메테우스와도 연관. 오늘날 캅카스 산맥) 산꼭대기의 바위에 묶어 놓고 날마다 독수리가 간을 쪼게 했다고 한다.

젤로스는 질투만을 관장하는 것이 아니라 정열(열의)의 신이기도 해서 정열과 질투는 불가분의 관계임을 보여 준다. 질투, 즉 부러워하는 마음은 사람을 분발하게 하여 정열로 발전시키는 에너지이기도 하다. 부러워하는 마음을 지닌 사람은 언젠가 다른 영역에서 이길 수 있다. 이것이 질투의 해석 특이점이다. 단 그리스에서만 그렇다. 그리스의 신들은 대부분 로마로 전해져 계승되었다. 일부는 로마식으로 전환되기도 했다. 그리스 신 젤로스의 로마 신격이 인비디아Invidia이다. 로마에서는 질투를 어떻게 보았을까? 인비디아를 로마의 작가 오비디우스는 「변신 이야기」에서 다음처럼 묘사한다.

인비디아는 어둡고 지저분하기 짝이 없는 집에 살고 있었다. 그 집은, 햇살이 비치기는커녕 바람도 한점 불지 않는 깊은 계곡에 있었다. 이 집안은 손가락이 곱을 만큼 추웠지만 불기가 없는

데다 햇빛이 비치지 않는 곳에 있어서 늘 어둠에 잠겨 있었다. (중략) 인비디아의 안색은 창백했고 몸은 형편없이 말라 있었다. 게다가 지독한 사팔뜨기였다. 이^{teeth}는 변색한 데다 군데군데 썩어 있었고, 가슴은 시퍼렇게 멍들어 있었다. 그녀 입술에 미소가 감돌게 할 수 있는 것은 남이 고통받는 광경뿐이었다. 그녀는 잠이라는 것을 알지 못했다. 밤이고 낮이고 근심 걱정에 쫓기고, 남의 좋은 꼴을 보면 속이 상해 보는 것만으로도 나날이 여위어갔다. 남을 고통스럽게 하면 하는 대로, 자신이 고통스러우면 고통스러운 대로 저 자신만 녹아나는 게 바로 그녀였다. (중략) 인비디아는 가는 곳마다 꽃이 만발한 벌판을 짓밟고, 풀을 말리고, 나뭇가지를 꺾고, 숨결로 사람들과 도시와 집을 더럽혔다.

질투의 의인화와 우의 표현으로 보이는데 상상만 해도 끔찍한 신이다. 인비디아를 상징하는 것이 하나는 눈이고 다른 하나가 녹슨 것에 가까운 녹색이다. 눈과 관련해서는 질투로 찢어진 눈, 사시, 사갈시 등의 단어를 생각하면 된다. 인비디아는 원래 훌륭한 왕족의 공주였으나 신의 사랑을 받는 언니들을 시기하는 마음이 커지면서 그렇게 괴물처럼 변했다고 한다. 이 인비디아를 회사 이름과 심벌마크에 가져다 쓴 것이 AI용 반도체 설계로 급성장한 엔비디아^{Nvidia}이다. 공동창업자인 젠슨 황 등이 회사 이름을 지으려고 로마 신화를 뒤적이다가 찾아냈다고 한다. 이유는

"언젠가는 세상이 우리를 질투하게 될 거야."라는 마음에서였다는데 결국 2024년에 그렇게 되었다. 마이크로소프트 시총을 능가하기도 했으니 말이다. 앞에 붙은 N은 그들이 처음에 낸 신제품 시리즈의 이름에 들어가는 앞 자 N이다.

인비디아는 영어 envy의 기원이 되는데 그리스 신화에 나오는 젤로스가 가지는 정열은 눈곱만큼도 없이 그냥 계집 녀女가 두 번이나 들어간 그 질투 뜻만 가지고 있다. 로마인들이 생각하는 질투가 그랬던 모양이다. 이 지독한 인비디아는 결국 타자 살인, 파괴 등 폭력의 원인이 된다. 세계의 질투를 사는 중인 엔비디아가 새겨둘 일이다.

이 책은 악랄한 질투만 뜻하는 로마 여신 '인비디아'보다는 그리스 남신 '젤로스'에 해석 특이점을 맞춘다. 질투하는 마음은 있지만 그를 상쇄하는 정열을 가진 그리스 신. 그의 남매 중에 승리의 여신 니케(Niche, "Just do it" 캠페인의 나이키 유래)가 있는 것을 보면 확실히 질투, 정열, 승리는 핏줄이 같은 계보이다. 힘과 폭력을 상징하는 비아도 제우스를 섬기면서 통제가 가능한 폭력이 된다. 이는 우리가 폭력 5유형 중에서 1, 2번 낮은 수준의 폭력과도 통한다. 그러니 존재의 속성과도 같은 질투를 마냥 터부시할 필요는 없다. 그것이 새로움으로 나가는 동력이 되고 신적인 힘으로 통제된다면!

23.   스마트의 자식, 스투피드

영어 smart는 온라인 어원사전인 〈etymonline〉에 따르면 뜻밖의 의미에서 시작한 말이다. 동사 '고통을 일으키다', '찌르다'에서 왔으니 말이다. 형용사는 '따끔거리는', '날카로운 고통을 주는' 뜻이었다가 1630년대에는 '뻔뻔한', '재치 있는 편의 건방진'과 '민첩한', '활동적인', '지능적인' 등의 뜻으로 변했고 1718년에는 은어로 '패션에 맞는 우아한' 1798년에는 '단정한 복장'을 의미하기도 했다. 명사로는 동사처럼 육체적 고통을 의미하다가 1712년경에는 멋쟁이(15세기에 지적 능력, 영리함의 뜻으로도 쓰임), 1968년 기록된 것으로는 단어 뒤에 -s가 붙어서 좋은 판단력, 지능smarts으로 쓰였다. 뒤의 뜻은 지금 우리가 쓰는 뜻에 거의 부합하지만 12세기 무렵의 뜻은 좀 뜻밖인데 그런 또 다른 영어가 sharp이다. 처음에는 '날카로운'이라는 물리적인 뜻이다가 '영리한', '예리한 지성' 등의 추상적 뜻으로 진화한 것이다. 이런 계보를 보면 스마트는 한국의 골계滑稽, 풍자諷刺와도 통하는 것 같다.

현재 smart의 반대어로 쓰이는 stupid는 원래 '(말문이 막힐 정도로) 깜짝 놀란'이라는 의미의 라틴어 형용사 stupidus가 중세 프랑스어(stupide)를 거쳐 영어로 들어온 단어다. 라틴어 형용사 stupidus는 '너무 놀라서 어쩔 줄 몰라 하는 모습'을 나타내는 라틴어 동사 stupeo(stupere-stupui)에 어떠한 경향이나 상태를 나타내는 라틴어 접미사 -idus가 합쳐져 만들어진 단어로 알려졌다. 이것은 갑자기 불이 나서 허둥지둥하거나 스마트폰을 분실한 어떤 사람이 처한 심리적 상황에 딱 맞을 것이다. 시장에서 엄마를 놓친 아이도 그럴 테고.

스마트한 사람은 놀란 상황에서 어쩔 줄 몰라 하지(stupid) 않고 날카롭게 대처하는 사람이다. 이 어원을 알면 스마트 (중독) 사회에 대항해서 디젤 청바지가 역발상으로 펼치는 "비 스투피드 Be stupid" 캠페인이 더 의미심장하게 다가올 것이다.

스마트폰이 만든 스투피드

오늘날 스마트는 컴퓨터(인터페이스도), 전화, 휴대성이 결합한 스마트폰(영국에서는 mobile phone, 미국에서는 cellphone이 더 일반적. 스마트폰은 에릭슨 용어)과 강력하게 연결되어 알려졌다. 스마트폰은 휴대 전화-피처폰(계산기, 전자책, MP3 등 편리 기능 탑재) 단계를 거치면서 범용 OS가 탑재되고 사용자가 임의로 애플리케이션을 설치할 수 있는 권한이 부여되어 소형 컴퓨터화되었다.

우리는 통상 스마트폰 최초가 2007년 출시된 애플의 아이폰으로 알고 있지만, 애플은 앱스토어가 탑재된 스마트폰으로는 최초일 뿐이다. 〈위키백과〉 자료에 따르면 역사에서 최초의 스마트폰은 IBM의 '사이먼'이다. 1992년에 설계했고 그 해에 미국 네바다주 라스베이거스에서 열린 컴덱스Computer Dealer's Exhibition. COMDEX에서 컨셉 제품으로 전시되었다. IBM과 벨사우스에서 공동 개발했다. 1993년 미국 내 15개 주 150개 도시에서 판매되었다. 당시 가격은 899불. 주소록, 세계시간, 계산기, 메모장, 이메일, 팩스, 오락 기능이 포함되었고 뿐만 아니라 최초로 터치스크린을 탑재했다. 1997년에 스웨덴의 통신장비 제조업체인 에릭슨이 노키아 9000의 뒤를 잇는 GS 88 'Penelope'를 '스마트폰'으로 기술하면서 컴퓨팅 능력을 갖춘 전화를 의미하는 스마트폰 용어가 만들어졌는데, 기능과 의도로만 보면 IBM의 사이먼 퍼스널 커뮤니케이터를 최초의 스마트폰으로 간주할 수 있다. 노키아 커뮤니케이터 라인은 1996년에 노키아 9000 커뮤니케이터를 시작으로 첫 스마트폰 제품라인을 발표했다. 마이크로소프트는 윈도우 모바일 팜원의 팜이 각각 유·무선 네트워크 연결을 지원하기 시작하고, 각각 2002년, 2003년 정식으로 OS상에서 전화 모듈을 지원함으로써 PDA폰과 스마트폰이 출시되었다. 이중 윈도우 모바일은 기존 포켓 PC와 동일한 사양에 전화 모듈을 넣은 것을 포켓 PC폰 에디션으로, 터치스크린이 없고 UI가 일반 휴대 전화에 맞춰진 것을 스마트폰으로 명명하여 별도로 취급하였다. 그러나 가격, PDA폰에 대한 편견 등으로 인해 일반 휴대 전화만큼 널리 사용되지는 못하였고, 이들도 현재는 스마트폰과 동일시하고 있다. 오늘날 인류 대부분은 이 스마트폰에 의지해 살며 스마트폰을 분실하면 바로 '스투피드'해진다. 특히 알파 세대는 어릴 때부터 스마트폰 환경에서 자랐기에 스마트폰은 거의 분신급이다.

자, 이 대목에서 질문,
"이 스마트폰이 나오면서 세계는 과연 얼마나 스마트해졌을까?"

PC 전쟁에서 실기失期한 IBM이 2008년에 발표한 미래 전략 어젠더인 '스마터 플래닛Smarter Planet' 개념대로라면 세계는 스마트해졌다. 그런데 물음표가 있다. 일단 기계와 시스템은 스마트해졌으나 개별 인간도 그럴까? '생각하지 않는 뇌', '3분 인간' 같은 주장이 그 후 인터넷 선각자들에게서 우려스럽게 나오고 있으니 그런 물음표가 붙을 수밖에 없다. 스마트가 자식으로 스투피드를 낳는 꼴이다. 링크 능력은 늘어났다고 보지만 대신 인간의 기억력, 집중력, 문해력, 사교성 등은 기존 세대보다 최소 30% 이상 떨어졌다는 주장(하워드 가드너 교수의 「앱 제너레이션」 참고)도 나온다. 내비게이션이 나오면서 차의 스마트 정도는 늘어났지만 정작 주인인 인간은 그 지도나 지형을 기억하지 못한다. 그냥 기계가 시키는 대로 갈 뿐이다. 나는 길치이지만 그래도 과거엔 약도 하나 달랑 들고 새벽에 1시간 이상 떨어진 시골 골프장을 잘도 찾아갔다. 지금은 내비게이션이 그런 놀라운 능력을 지워버렸다. 노래 가사도 30곡 이상은 기억했었고 시나 전화번호도 10개 이상 외었었다. 지금은 제대로 노래 전체를 외우는 곡이 하나도 없다. 스투피드 황이 된 것이다. 아내를 위해서 느끼하나마(!) 감정을 담아 육성으로 불러줄 노래가 하나도 없으니 그냥 유튜브를 찾는다. 앞으로는 "지니야, 이브 몽땅의 '고엽' 찾아서 틀어줘." 할 테지만 그 후에는 어쩌면 이브 몽땅, 고엽을 기억하지 못할 수도 있다. 퇴행, 퇴보! 이 대목에서 아인슈타인이 했던 경고가 떠오른다. "3차 대전이 어떤 무기로 치러질지는 모른다. 그러나 4차 대전은 아마도 돌과 몽둥이로 싸우게 될 것이다."라는.

스마트폰이 나오면서 세계는 두 영역에서 큰 변화를 이뤘다. 하나는 앱 OS 경제고 다른 하나는 소셜 미디어다. 특히 소셜 미디어의 영향력은 막강하다. 유튜브, 트위터, 페이스북, 인스타그램, 틱톡 등은 점점 10대들과 선동가, 악당들의 온상이 되어 가는 것 같다. 모방 범죄, 크로밍(chroming. 환각물질 흡입), 도박 유통, 음란물 유통 등으로 급기야 호주에서는 2024년 11월 16세 미만 청소년의 SNS 사용을 금지하는 법안도 내놨다. 선진국 극우화 현상에도 한몫하는 걸로 알려졌는데 이런 정도라면 SNS는 'Smart N Stupid'로 써야 할지도 모를 일이다. 그런데 상황은 더 어디론가 나아가고 있다. VR, AR, MR, XR 등 메타버스 개념이 나오고 기업은 DT(디지털 트랜스포메이션) 전환을 서두르고 AI를 사랑하여 스마트해지는 중이다. 그런 기계의 스마트 기능들은 인간의 뇌나 심장에 원천 탑재된 것이 아니어서 언제든지 파랑새처럼 날아갈 수 있다. 따라서 인간은 현재 잠재적 Stupid 상황 앞에 놓인 셈이다. 가상하고 싶지 않겠지만, 어느 날 전 세계 데이터 센터가 지진 등 이유로 작동을 멈춘다면. 사악한 해커가 초월적 지능으로 스마트 신경망에 침투한다면. 또는 어느 날 스마트한(?) 일론 머스크가 소유한 우주 정보 위성 체계 스타링크가 전략적 교란, 결정적 정전, 해킹 등 다른 기능을 수행한다면!

그래서 다시 스투피드해진다면!

24. 중립의 숨은 의미

길게는 400년 전, 짧게는 100여 년 전부터 젊은 지식층을 열광시켰던 단어들이 있다. 민주, 혁명, 이데올로기, 진보, 좌파, 반전 운동 등이 그것이다. 나 역시 젊을 때 이 말들에 열광했었다. 이들을 구성하는 가치는 민주, 자유, 평등, 인간성, 정의 등이었으나 무슨 일인지 최근 들어 위축되고 있다. 미국의 트럼프와 일론 머스크, 젤렌스키를 압박하는 러시아 푸틴, 패권주의 중국의 시진핑, 이스라엘의 과도한 민족주의자 네타냐후 등의 득세를 보면 확실히 그렇다. 2025년 EU 국가도 특히 젊은 남성층에서 극우로의 반동이 심각한 상황인데 이 중 핵심인 '진보'에 대해서 해석의 초점을 맞춰본다. 진보는 반대편에 보수라는 성향이 있어서 매우 가변적이고 역동적 개념이었는데 현재 진보는 어떤 상황이고 이를 어떻게 해석해야 하고 미래에는 과연 어떻게 기능할까?

포스트 진보

진보는 단어 뜻으로만 보면 '앞으로 나아간다pro-gress' 뜻이다. 시간이 흐르면 자연히 앞으로 나아갈 것 같지만 역사는 그렇게 만만하지 않다. 중세 문명이나 현재 세계 정치 구도처럼 어이없는 퇴보도 주기적으로 일어난다.

진보는 기술 측면이라면 기능이나 에너지원의 변화로 기능 향상, 효율성이나 효과성이 기준이 된다. 마차에서 기차로, 트랜지스터에서 컴퓨터로, 검색 엔진에서 생성형 AI로 변하는 것처럼 달이다. 유럽 중세 암흑시대를 제외하면 기술은 대체로 시간과 함께 진보를 해왔다. 그러나 진보가 인간 본질에 대한 것이라면 해석은 만만치 않다. 인류 측면에서 진보는 수천 년 동안 인간을 지배했던 왕이나 귀족 같은 특권층, 독점, 지배, 불평등, 구속 등에 반대해서 천부인권, 민주, 평등, 정의와 공정 등 다수 인간을 존중하는 가치로 옮기는 것을 말한다. 이 좋은 것들이 최근 들어 자발적으로 왜곡되거나 외면당하는 경향을 보인다. 흔히 '주류의 보수화' 혹은 '중립 지대의 확장'이라고 부른다. 왜 그럴까? 이 경향의 원인에 대한 내 해석은 여섯 가지이다.

하나, 기득권층의 완강하고도 은밀한 저항이다. 마치 지하에 숨은 고질라 새끼들 같다. 한국에 다시 고개를 쳐드는 친일파, 뉴라이트, 엘리트주의자, 재벌과 그 마름들 그리고 사법부 퇴행 등이 그 증거다. 안 보인다고 없는 것이 아니다.

둘, 진보 성향 사람들이 권력을 가졌을 때 보인 무능함과 혼란이다. 이들은 옳은 소리는 하지만 막상 정권을 잡으면 효과성, 효율성이 그다지 좋지 않았다. 촛불 혁명 이후 득세한 한국의 민주당과 386세대, 페미니즘에 본질을 잊은 노동당, 미국 핵심 문제에 우유부단했던 바이든 정부가 최근의 예다. 화끈한 지배("과거 박정희 때가 좋았어.", "푸틴은 강력한 지배자야. 러시아를 이끌어 줄 거야."), 성장과 부, 집단, 편의 그리고 눈에 보이는 이벤트 쇼를 좋아하는 대중에게 그것은 반감을 일으킨다.

셋은 고령화다. 인간은 나이가 들어가면서 자연스럽게 보수 혹은 우클릭 중립 성향을 보인다. "젊어서 진보가 아니면 가슴이 없는 것이고 나이가 들어서 보수가 아니면 머리가 없는 것이다."라는 격언이 그를 들어낸다. 나이가 들면 호르몬 분비량 변화도 있지만 자연스럽게 가진 자가 된다. 그리고 이들은 위 두 번째 경향을 목격한 세대라 '그놈이 그놈.'이라는 체념을 한다. 386 내 친구들은 젊어서는 대체로 민주화 운동에 가담했거나 최소한 긍정적이었지만 지금 대부분은 촛불집회를 불편해한다. 그렇다고 태극기 집회를 나가지도 않는다. 어중간한 중립이다. 중립은 참 좋은 말 같은데 이 안에 악마가 있다. 특히 기계적 중립이 그렇다. 기계적 중립은 영어로는 Bothsidesism, False Balance로 표현된다. 편이 갈리는 사안에 진정으로 어떤 것이 중립인지 따지지 않고 획일적으로 중간적 태도만을 고집하는 자세를 뜻한다. 기계적 공정주의라고도 한다. 우리는 중립을 대체로 온건하다고 보지만 중립의 의미를 다음처럼 해석하는 경구들을 볼 필요가 있다.

> 지옥 가장 뜨거운 곳은 도덕적 위기 시대에 중립을 지킨 사람들을 위해 예약되어 있다. — 존 F. 케네디

> 중립을 지키며 행동에 나서지 않는 사람이 신중한 사람이라고 생각하고 싶겠지만 우리 양심은 중립에 설 수가 없다. 신이 우리를 그렇게 만들었기 때문이다. — 찰스 칼렙 콜튼

> 중립을 지키는 사람은 악마와 한통속이다. — 에드윈 헙벨 채핀

> 부당한 일로 인해 통합이 깨지게 되었을 때 중립을 지키는 사람은 사실 어느 쪽 입장도 지지하는 게 아니라 자신의 안위만 생각하는 사람이다. — 조셉 홀

중립은 위험하다. 정복자의 먹잇감이 될 뿐이기 때문이다.
― 프랜시스 콸레스

이런 중립은 진보의 숨은 적이다. 위 경구들과 같은 맥락에서 나온 격언이 하나 생각난다. "사람들은 원수를 물론 잊지 않지만, 더 중요한 순간에 침묵한 친구를 그보다 더 잊지 않는다." 이때 친구의 침묵이 바로 중립의 악마이다.

넷, 주로 선진국에서 나타나는 현상인데 과거처럼 보수가 극악하지 않다. 쇼군 시대 사무라이처럼 칼을 시험한다고 길 가던 서민을 베거나 아편 전쟁을 벌인 영국, 조선시대 말 세도정치처럼 대놓고 착취하지는 않는다. 보수의 부도덕과 극악함은 진보의 불을 피우는 기름이 되는 법인데 오늘날 보수는 국민, 분배, 불평등 완화, 민생 돌봄 등 진보의 가치를 약간은 끌어안은 척한다. 그래서 진보의 동력이 약해졌다.

다섯, 기술이 진보의 기능을 상당수 대체했다. 경제학자 장하준 말마따나 아파트와 세탁기의 발명은 여성 해방 운동가들 주장보다 더 빨리 여성들을 가정의 속박에서 50% 이상 해방해 버렸다. 인터넷과 소셜 미디어는 정보 민주주의와 불통 문제를 많이 제거했다. AI는 평범한 사람도 지식인으로 만들어줬다. MIT

교수 앤드루 맥아피는 「포스트 피크Post Peak」에서 "인간의 선의보다는 이런 기술의 발전이 기후 위기 문제를 해결할 것"이라고 주장한다.

여섯, 진보의 물타기 문화가 대폭 늘어났다. 사이버 도박, 포르노 산업, 마약, 소셜 미디어, 프로 스포츠, 영화와 웹툰, OTT, 게임, 축제 등이 그들이다. 이들은 과거 독재자의 우중愚衆화 단골 수단이었던 3S(sports, sex, screen)로 불렸던 것의 확장판이다. 대중의 관심이 이들로 분산되면서 진보 에너지가 많이 새버린 것이다. 연관어로 #생각하지 않는 뇌, #스몸비족, #코쿤족, #3미터 인간, #slacktivism, #귀차니즘, #힐링 등이 있다.

이 여섯 가지 이유로 사람들은 중립적 존재가 되었다. 정치 이슈에 대해서 앞으로 이 현상은 더 심화할 것이다. 그러나 진보 가치를 놓치면 역사는 그야말로 운행 후 정지 상태가 된다. 그래서 이 중립을 깰 새로운 의제가 필요한데 그것은 아마도 '기후 문제'가 될 것 같다. 기후가 점점 극악해지고 있기 때문이다.

더보기 2

해석학(철학) 연보

　　이 책은 우리 삶 여러 분야를 독특한 해석 방법으로 사물이나 현상, 삶의 이면에 숨은 것들을 찾아내 세상을 읽는 통찰력을 주려는 책이다. 해석이라는 언어를 썼으나 철학에서 말하는 본격 해석학과는 거리가 있다. 여러분 중에 철학으로서의 해석학에 관심이 있을 수도 있어 아무래도 '해석학(철학)'을 간략히나마 개념, 주요 학자, 연보 등을 편집 소개해야 할 듯하다. 핵심어는 이해, 상황, 주체(존재), 현상, 비평과 시 등이다. 컴퓨터 뇌에 의지해 세계에 대한 직접 해석의 의지를 포기한 현시대 사람들에게는 이해가 쉽지 않을 것이다. 그러나 읽어 두면 인간들이 해석에 대해 가지는 끈질긴 의지를 확인할 수 있다. 그것이 비록 언제든 도전받을 또

하나의 해석일지라도. (이하 위키 편집)

▶ **해석학**(解釋學. Hermeneutics):

해석학의 어원은 그리스어 동사 'hermene ein(해석하다)'과 명사 'hermneia'인데 그리스 신화에서 신들의 전령인 헤르메스^{Hermes}와 연결되어 있다. 그리스어 헤르메이오스^{hermeios}는 델포이 신탁의 사제를 가리킨다. 철학 자체를 '해석'이라고 보는 마르틴 하이데거는 해석학으로서의 철학을 명시적으로 헤르메스와 연관 지은 바 있다. '해석학' 용어는 17세기부터 사용되어 온 것이지만 원문 주석의 기능과 해석의 제반 이론들은 고대에까지 거슬러 올라간다. 계몽주의 시대에 이르기까지 해석학은 개별적인 학문이라기보다는 문헌학과 신학의 분과였다.

철학의 해석학은 주로 '텍스트'의 해석을 다룬다. 텍스트는 19세기까지는 말 그대로의 의미(문장)였다면 20세기부터는 마르틴 하이데거와 자크 데리다의 영향으로 단순히 책이나 논문의 해석을 떠나서 세상에 존재하는 것을 모두 다 텍스트로 보고 다룬다. 하이데거는 이전의 해석학 질문이 "어떻게 텍스트를 이해할 것인가?"였다면 이후의 해석학 질문은 "이해란 무엇인가?"에서 시작한다. 학자별 사상을 간단히 소개한다.

▶ **프리드리히 슐라이어마허**(1768~1834) -
근대 해석학의 아버지. 해석학적 문제의 보편적인 범위를 파악했고 그 결과로 얻은 '이해'에 대한 철학적 이론을 체계화했다. 그는 신학적 해석학을 교회적 이데올로기라는 감옥으로부터 해방하려 했다. 그때까지 해석학은 수사학, 논리학, 신학과 문학에 의존해 왔기에 여타 학문에 비해 철학적 기초가 부족한 상태였다. 그는 첫째로 '이해'가 어렵다고 지적했다. 우리는 말이나 글을 종종 잘못 이해한다. 이해의 과정에 있어 개인적 또는 주체적 차원은 이해되어야 하는 대상, 객체적 차원의 언어학적 성격에 대한 올바른 고려를 수반해야 한다. 둘째로 그는 인간의 의사전달에서 '언어학적 성격'을 자세하게 다루었다. 언어가 없이 이해는 불가능하다. 그는 언어의 문법적이고 객관적인 관습과 기술적, 주관적인 개인적 실행을 구분하여 전자를 '해석의 문법적 차원', 후자를 해석의 '기술적/심리학적 차원'으로 구분했다. 해석의 문법적 차원 작업은 "언어 안에서 언어의 도움을 받아 이야기의 올바른 의미를 찾아내는 예술', 심리학적/기술적 해석은 '작품의 전체성과 통일성 그리고 작품을 구성하고 있는 요소들의 주요 특징을 파악하려는 작업'으로 보았다. 셋째로 그는 이해의 두 차원이 모든 텍스트 해석 활동에 있어서 동등한 중요성을 가진다고 주장했다. 넷째로 그는 텍스트를 하나의 우주로 생각했다. 관습이나 규칙들이 우주적 망을 이루어 여기서 새롭고 의미 있는 전체를 창조하기 위해 함께 작용한다는 것이다. 우주 창조를 어떻게 다 이해하겠는가? 그래서 그의 이론은 텍스트의 의미에 대해 완전히 파악하기보다는 근사치를 목표로 삼는다. 근사치는 해석 과정의 비평적이고 책임 있는 특성을 보호하기 위해 '어떤 규칙'의 지도를 받아야 한다고 보았다. 다섯째로 이 규칙은 객관적인 동시에 주관적인데 해석자로 하여금 텍스트와 그 텍스트가 생겨난 언어 체계 사이의 관계 그리고 언어 체계에 대한 텍스트 자체의 특별한 영향이 어떤 것인가를 객관적으로 인식하도록 돕는다. 이 해석 작업의 목표는 해석자가 저자의 언어에 완벽하게 익숙하며 저자의 내적 외적 삶에 대한 지식(그러나 슐라이어마허는 곧바로 저자의 언어와 삶에 대한 지식은 저자의 저술 해석을 통해서만 얻을 수 있다고 부언했음)을 습득하는 데 있다. 여섯째로 '우리가 어떻게 부분들로부터 전체의 의미를 포착할 수 있는가? 어떻게 텍스트 안에서 언어학적 도구들의 비교를 통해 부분들에 관해 알게 되는가? 어떻게 우리가 유사한 텍스트들 아래에서 특정 테스트의 의미를 파악할 수 있는가?'와 같은 해석학적 순환의 다양한 측면들에 대해 새롭게 고찰할 수 있는 토대를 제공했다. 슐라이어마허의 해석학적 사고는 해석학을 철학의 한 분야로 등장시키는 혁명 역할을 했다.

빌헬름 딜타이(1833~1911)는 인문학적 해석학을 자연과학적 방법과 구분해 발전시켰다. 슐라이어마허는 의사소통의 모든 노력을 연결하는 인간 이해의 통로를 언어 속에서 찾았고, 딜타이는 물질적인 내용을 의사소통의 기본 원리로 삼는다. 자연과학은 자연현상 '설명'을 목표로 하지만 인문과학은 인간 생활과 인간들의 복잡한 표현 양식의 '이해'가 목표다. 이해는 우리 자체를 하나의 살아있는 실체로서 제시하고 있는 전체와의 연결성을 전제로 한다. 바로 이 맥락 속에서 우리는 개별적 사물을 파악할 수 있다. 우리가 이 연결성을 각성하고 살아간다는 그 사실이 우리가 특별한 문장, 특별한 몸짓, 특별한 행동을 이해할 수 있게 한다. 우리가 모든 사고의 이 연결성을 고정된 방식으로 '객관적 정신'이라고 정의하자마자 우리는 이해에 있어서 귀납적 추론 가능성과 다원주의 영역에서 떠나버린다.

▶ 마르틴 하이데거(1889~1976)-

현상학Phenomenology은 하이데거와 가다머, 리쾨르까지 해석학의 변화에 중요한 역할을 했다. 에드문트 후설은 철학적 사고를 모든 종류의 철학적 체계들의 사변적 논의와 교리주의로부터 해방되어 철학이 사물 자체로 되돌아가야 한다는 것을 역설했다. 우리는 가치, 목표, 수단들을 단순히 직접적으로 파악해 내는 것이 아니라 "성찰을 통해 그것에 상응하는 주관적 경험을 파악하고 그 경험 속에서 우리는 사물을 자각하게 되고 사물들은 드러난다." 이것들은 '현상'이다. 현상의 본질적 특성은 개별/사물/사상/계획/결정/희망 기타 등등에 대한 '자각' 또는 '나타남'으로 존재한다. 후설의 강령은 현상에 대한 파악이 사물 자체의 본질을 나타나도록 허용하는 '공동 자각'에 의해서만이 가능하다는 점을 인식함으로써 주체-객체 분리 문제를 극복한다. 딜타이처럼 인문과학 뿐만 아니라 모든 과학 분야에 하나의 기초이론을 제공하려는 철학적 노력을 후설이 설파한 셈이다. "현상학은 현상학자가 하나의 철학 체계의 이상을 포기할 것과 그렇게 하면서도 다른 사람들과 사회를 이루어 사는 겸손한 일꾼으로서 영원한 철학을 위해 살 것을 요구한다-에드문트 후설"

후설은 순수 현상들에 대한 확실한 의미 파악을 할 수 있는 절차를 발전시켰다. 하나는 '에포케(epoch. 뒤로 물러서다. 혹은 괄호 치기)'이고 둘째는 '직관적 환원eidetic reduction'이다. 이 과정에서 현상학자는 모든 경험의 본질을 해방한다. 후설이 모든 종류의 속임과 왜곡으로부터 현상에 대한 우리의 주의를 해방했다 할지라도 그는 현상의 역사적 상황, 공간적, 시간적 사회적 상황들을 이해의 행위에서 배제함으로써 인간 이해를 왜곡했다는 비판을 받았다. 후설의 가장 가까운 동료이자 제자였던 하이데거의 접근은 후설의 현상학에 강한 영향을 받았다. 그러나 후설과는 달리 이 삶의 제 현상들에 대한 분석을 순전히 사물 있는 그대로의 본질적 성격을 상황으로부터 해방하는 것이 아니라 이 본질들을 해석학적 활동 속에 드러내는 것으로 이해했다. 다시 말해 추상적인 개념과 논리를 넘어서 구체적인 삶의 문제로 이동하고자 했다('인간 현존재'). 하이데거는 '현상'과 이 '현상의 분석자' 모두의 '역사적 상황에 대한 현상학적 분석'만 해석으로 간주할 수 있음을 간파했다. 그는 「존재와 시간」 첫 장에서 현존재에 대한 존재론적인 조건들을 분석하는 일에 착수했다. '세상에 존재함'이라는 현존재의 구성, '다른 사람들과 함께 존재하는' 현존재의 실존적 상황을 다루고 나서 하이데거는 이해의 차원을 현존재의 실존적인 구조들 중의 하나로 논의한다. 이해는 두 가지를 의미할 수 있다. 첫째는 현존재의 근본적이고 실존적인 구조이고, 둘째는 앎의 많은 가능한 양식들 중의 하나이다. 여기서 하이데거는 현존재가 파악할 수 있는 모든 종류의 가능성을 검토하는 데 관심을 두지 않고 오히려 현존재가 바로 자체의 존재 가능성을 파악하는 데까지 이를 수 있는가 아닌가? 두 가지의 가능성을 구분하려 했다. 하이데거는 "이해가 자체의 가능성을 실현하는 확고한 양식"을 해석이라 부른다. 어떤 것을 어떤 것이라 해석하는 이 행위는 항상 이해관계 혹은 의도, 예견, 선이해에 근거한다. 그러므로 해석은 전제에서 자유롭기 힘든데 하이데거는 "만일 어떤 사람이 '있는 그대로 것'에 호소하기를 원할 때 … 그 사람은 '있는 그대로 것'이 일차적으로 그것을 해석하는 사람의 논의되지 않은 가정임을 알게 된다."라고 진술한다. "의미란 어떤 것에 대한 가해성可解性이 그 속에서 발견되는 어떤 것이다." 그러나 이 가해성은 언제나 이해하는 사람의 선先 판단에 미리 구축되어 있다. 그러므로 의미는 인간의 상황 바깥에서 발견될 수 없다. 오히려 실존적 구조로서의 의미는 다만 그 자체만이 의미 있을 수도, 무의미할 수도 있는 현존재에만 속한다. 후기 하이데거는 언어의 자체 발화 가능성에 주목했다. "언어는 본질상 표현이나 인간 행위가 아니다. 언어는 말을 직접 한다." 주장했다(예술적 글을 써본 이라면 직감적으로 이해할 것이다). 언어가 말하는 순수한 모습을 그는 시에서 발견했다. 시에서 언어는 그 자체 말을 하며, 언어가 그것의 진정한 본질을 드러낸다는 사실이다. 언어는 존재의 외침을 전달하기 위해 말하기가 필요하다. 하이데거는 참된 존재와의 접촉을 회복하기 위한 열쇠가 언어에 대한 사려 깊은 듣기라고 보았다. 중요한 것은 우리의 듣기가 참된 듣기가 되도록 돕는 전략이 무엇인가이다.

▶ **한스 게오르크 가다머**(1900~2002) -

「진리와 방법」이 1960년대에 등장한 이후로 해석학적 주제들에 대한 주요 대변인이 된 이다. 현상학의 전통을 따르면서 자신의 해석학을 인간의 이해 활동에 수반되는 요소에 대한 성찰이라 보았다. 그는 해석학은 인간 이해와 인간의 자기 이해를 증진하는 데 관심을 두는 '실천철학'으로 이해되어야 한다고 주장한다. 가다머는 인간 이해를 분석하면서 텍스트 해석의 예를 든다. 텍스트 이해의 과정이 독자들의 선先 이해와 텍스트의 의미에 참여하는 독자 자신의 관심에 의해 항상 연료를 공급받는다는 점을 강조한다. 그에 따르면 독자에게 있어서 텍스트 이해의 궁극적인 목적은 텍스트와의 실질적인 일치다. 이해의 목표는 '텍스트의 지평'과 '독자의 지평' 융합으로 설명될 수 있다. 이해는 주관성의 행위라 할 수 없고, 전통의 과정 안에 자신을 올려놓는 행위로 간주해야 한다. 이 과정에서 과거와 현재가 끊임없이 융합한다. 가다머는 이 이해의 과정을 게임의 경험에 비유한다. 독자는 게임의 규칙에 자신을 복종시켜 궁극적으로 지시받거나 움직이는 경기자와 같다. 이처럼 가다머는 그의 해석학적 성찰을 "이해를 추구하는 자가 자신을 복종시켜야 하는 게임의 조건들에 대한 성찰"로 이해한다.

우리는 항상 어떤 텍스트를 일련의 질문을 품고 접근한다. 이것은 실제로 텍스트를 이해하기 전에 우리에게 의미를 드러내려는 텍스트의 잠재성에 의해 우리의 생각이 이미 어느 정도 형성된다는 것을 의미한다. 우리는 옳을 수도, 틀릴 수도 있는 기대의 지평을 통해서 이해의 과정에 들어간다. 우리는 텍스트 이해에 영향을 미칠 수 있는 의사전달의 역사적 실체에 의해 항상 조건 지워진다. "이해의 과정에서 두 지평의 실제적인 융합이 발생한다. 이것은 역사적 지평이 투사되자마자 그와 동시에 그 지평들이 사라진다는 것을 의미한다. 우리는 이 융합의 의식적인 행위를 '효과적 역사의식'의 과업이라 묘사할 수 있다. -〈진리와 방법〉

가다머에 따르면 이 '효과적 역사의식'의 구조는 언어이다. 언어는 두 사람 사이의 대상에 관한 이해와 일치가 발생하는 중간 지대이다. 대화는 두 사람 사이를 중개하는 특별한 형식이다. 독해의 과정을 인간의 대화에 비유해 보면 텍스트와 독자 사이의 상호 운동을 잘 파악할 수 있다. 운동의 주도권은 독자에게 있다. 텍스트는 대상을 언어로 표현하지만 사실상 이것을 성취하는 것은 궁극적으로 해석자의 작업이다. 그러나 언어는 순전히 도구의 관점에서만 고려될 수 없다. 하이데거와 마찬가지로 가다머에게 있어서 언어는 의사전달의 매체 이상의 의미가 있다. "오직 언어만이 존재의 총체성과 연결되며 유한자, 역사적인 제한을 받는 인간을 인간 자신과 세계에 매개시킨다."

여기서 가다머는 해석학을 인문과학의 기초이론으로 평가하는 딜타이의 견해를 거부하고 대신 하이데거의 현존재에 관한 실존적인 해석을 따른다. 가다머에 따르면 해석학은 인간의 이해 현상 그리고 인간 존재에 대한 적합한 이해에 관한 것들을 성찰하는 학문으로서 하나의 실천철학이다. 여기서 질문이 생긴다.

- 독자는 어떻게 잘못된 이해로부터 자신을 보호할 수 있는가?
- 독해의 과정에서 전통은 어떤 역할을 하는가?
- 왜 텍스트는 권위를 가지며 그것이 제시하는 전통에 대한 복종을 요구할 수 있는가?
- 두 지평의 융합은 행복한 융합인가, 아니면 독자와 텍스트 사이의 갈등인가?
- 텍스트 해석에 있어서 진리는 어떻게 드러나는가?

가다머의 해석학을 간추려 설명하자면, 저자의 의도가 어떻든 간에 그 텍스트를 활용하고 이해하는 방법에 따라 텍스트의 가치가 결정된다는 뜻이다('수용미학'의 근거가 여기서 만들어진다. -필자 주). 가다머에 따르면 이해는 이해하려는 사람들이 그들 자신을 텍스트에 복종시키려 하고 텍스트가 제시하는 전통에 들어오려고 하는 한 항상 성공적일 수 있다. 이에 대해 20세기 이데올로기 비판으로 유명한 프랑크푸르트학파를 대표하는 위르겐 하버마스는 이러한 보편적인 주장을 부정하면서 이해가 갖고 있는 한계를 지적했다. 하버마스는 일상적인 의사소통이 '조직적으로 왜곡'될 경우에는 가다머의 이해에 관한 모델이 적용될 수 없다는 사실을 증명하려 했다. 가다머는 인간의 의사소통에 등장하는 온갖 종류의 이데올로기적 억압에 대한 비판과 해석 작업에 수반되는 이데올로기적 행위에 특별한 분석을 요구하는 하버마스를 만족시킬 수 없었다. 그러나 하버마스의 비평은 폴 리쾨르(1913-2005)가 지적했던 것처럼 가다머의 보편적인 요구를 무효로 만들지는 못했다. 리쾨르는 하이데거, 가다머와 해석학이라는 연속선상 위에 있으면서도 그들을 존재론적 해석학으로, 자신의 철학을 방법론적 해석학으로 구분하며 자신의 독특성을 강조했다.

25. 길의 길

Road's Way. 길을 그냥 말하면 이것은 관찰이나 경험이다. 길에도 길이 있음을 간파하는 것이 해석이다. 물리적 길은 사실 해석의 길이다. 차마고도, 비단길 등은 다르게 해석할 수도 있었다.

단상 1

길어서 길이 된 길

길어서 기다림이 된 삶.

길의 길은

끊임없이 이어짐이다.

묵묵함으로.

절벽은 경고이며,
갈라짐은 운명이다.
만나고 헤어짐은 끝없는 정렬이다.

돌부리는
길의 발톱이다.
방심하지 말라는.
패인 구멍은
길의 멍이다. 멍 없는 것은 없다는 기호.

길에는 길이 있다.
그리운 이에게 가는 길.
그리고 기다림이 있던 길.

아, 길 한구석에
조그맣고 간판이 퇴색한
여인숙이 하나 있다면!
그 여인숙 이름이 '기다림'이라면!

단상 2

내가 가는 길이 다른 사람하고 다르다고 해서 내가 길을 잃은 것은 아니다. —제라르 아브람

때로는 가까이 있는 것을 찾기 위해 먼 길을 여행해야 할 수도 있다. —파울로 코엘료

당신의 길을 찾는 가장 좋은 방법은 때때로 길을 잃는 것이다. —탈리스마니스트 기에브라

당신만의 길이 있다. 옳은 길, 정확한 길, 유일한 길이란 존재하지 않는다. —프리드리히 니체

길 명언 중 일부를 뽑은 것인데 마음에는 좀 안 찬다. 길에 대한 이 해석들은 천편일률 성장소설류 같아서다. 오랜 인류의 모티프이며 메타포인 길은 더 크고 깊지 않을까?

단상 3

길에 대한 메타포는 꽤 많다. 그중 성城과 비교한 메타포가 있다. 돌궐(그들 종족 말로는 투르크에 가깝다. 4세기에서 7세기까지 활동하다가 오늘날 튀

르키에, 아제르바이잔 등 지역에 영향을 미쳤다) 2제국의 명장이었던 돈 유쿠크는 "성을 쌓는 자는 망하고, 성을 넘는 자는 흥한다." 취지의 말을 했는데 성은 길과 대척 소재다. 나가는 길은 지키는 성을 뚫는 힘이 있다. 다른 메타포는 연극과 여행을 비교한 것이다. 서양에서는 인생을 연극에 비유하여 세상은 무대고 사람은 배우로 비유된다. 반면 동양에서는 삶은 길을 걷는道 여행이며 현실은 여관, 사람은 나그네로 비유된다. "인생은 나그넷길"이다.

길, 길이, 길길이, 길이길이, 길들이다 그리고 아마도 기다림 등에 쓰이는 우리말 '길'의 어원은 무엇일까?

원시시대에 길은 인간들이 사냥을 위해 다니던 길, 물을 얻기 위해 다니던 길이었을 것이다. 〈한국민족문화대백과〉에서는 '길'의 어원을 원시시대에 물이 흐르던 계곡(골) 동굴에 살던 이들이 물을 찾아다니던 길에서 찾는다. 생존에 필수적이었던 골, 굴, 길은 공통 어근이 '골'이었을 걸로 추정한다. 자주 다니던 길이니 '길들이다(이때 길은 어학사전에서는 길2=윤기, 버릇의 뜻으로 나오는데 그 이전에는 그 길2도 길1=road에서 비롯됐을 것이다)'라는 말도 파생했을 것이다. 길은 생존과 밀접하게 관계되어 있다. 지리로서의 길을 잃으면 방위를 잃고 위험해지는데 이 뜻은 인생의 길을 잃는 추상적 방황으로도 확장된다. 방황은 그러나 미지의 곳, 새로움으로도 이어진다. 그 두 길(지리적/추상적, 방황/새로움)을 또 다른 사람이 이어 걷는다. 천 년,

또 천 년 그래서 한 길에 두 길이 겹치고 두 길에 네 길이 겹친다. 그리고 길은 또 갈라진다. 그렇게 인류는 아프리카에서 중동으로 중동에서 오래 정주하다가 다시 크게 세 방향, 즉 1. 유럽, 2. 인도-남아시아-오스트레일리아-극동아시아, 3. 시베리아-극동아시아-아메리카로 길을 뚫어 걸어서 갔다. 바닷길도 열어젖히고 이젠 하늘길, 시간 길마저 열어 우주로 평행우주로 간다. 길 위에 길 안에 있는 수많은 또 다른 길들.

다음은 함민복 시인 '길의 길'인데 몸길에서 길의 소리를 듣는 시인의 해석이 돋보인다.

길 위에 길이 가득 고여 있다.
지나간 사람들이
놓고 간 길들
그 길에 젖어 또 한 사람 지나간다.
길도 길을 간다.
제자리걸음으로
제 몸길을 통해
더 넓고 탄탄한 길로
길이 아니었던 시절로

가다가
문득
터널 귓바퀴 세우고
자신이 가고 있는 길의 소리 듣는다.

26.   세 개의 별

하늘에 떠 있는 신성한 것들에 인간은 수많은 해석을 붙였다. 별에는 특히 많이 붙였다. 별은 밤하늘에 점의 모습으로 반짝거리는 천체다. 우리가 맨눈으로 감지하는 별은 사실 별이 보낸 빛인데 지구와 별들의 거리로 본다면 그 빛은 대부분 수억 년 전에 쏟아진 빛이다. 정작 그 별은 소멸했을 수도 있다. 영어 star는 항성이고 행성은 planet(그리스어로 '떠돌아다니다' 뜻의 planao에서 기원. 바다를 떠다니는 미세 생명체 plankton-독일 동물학자 빅토르 헨센이 명명-의 어원)을 쓴다. 문자나 도형으로 표기할 때는 *와 ☆ 같은 5각이나 6각으로 뾰족한 모양으로 사용하기도 한다. 밤하늘에 밝게 빛나는 별에서 반짝 퍼져 나오는 빛살을 추상화한 것이다. 5각별의 경우 오망성 Pentagram이라고 불리며 오망성을 뒤집은 형태인 역오망성은 악마주의 상징으로 채택되기도 했다. 6각별은 '다윗의 별'이라고 불리며 현재 이스라엘 국기에 사용되고 있다. 이런 뾰족한 모양은 서양 것이고 동아시아에서는 별도 해, 달처럼 원으로 인식했다. 한자로 성星은 원래 풀잎生에 세 개의 해가 달린 형상을 띠고 있었다. 그러다가 줄어서 하나의 해만 달린 형상이 되었다.

별의 해석1- 올베르스의 역설

요즘 나는 전보다 더 자주 밤하늘과 별을 보는데 하늘을 보다가 문득 의문이 생겼다. '저 별들은 빛나고 전구 가게 전구들보다 많은데 왜 우주는 어두울까?' 그런데 나는 이런 의문을 품고는 고작 '참으로 인생 같구나. 별은 빛나건만 우리 삶은 대체로 어두우니!'에 머물렀을 뿐이다. 그런데 이에 대해 이미 19세기 독일 천문학자 하인리히 올베르스가 제기한 '올베르스의 역설'이 있었다.

이 역설에 100여 년 동안 여러 천문학자가 답을 내놨다. 그중 프레드 호일 등이 주장한 '정상우주론'은 적색편이(赤色偏移, redshift. 물체가 내는 빛의 파장이 늘어나 보이는 현상. 일반적으로 전자기파의 가시광선 영역에서, 파장이 길수록 붉게 보이기 때문에, 물체의 스펙트럼이 붉은색 쪽으로 치우침)를 통해 해법을 제시했다. 허블-르메트르 법칙에 따르면 멀리 있는 별일 수록 우리에게서 빠른 속도로 멀어지고, 먼 과거에 출발한 빛일 수록 적색편이가 커지므로 빛의 파장이 길어져 지구에 도달하는 빛의 에너지 역시 감소한다. 따라서 우주공간을 지구 중심으로 일정한 두께의 가상 구면으로 분할하면 먼 곳에 있는 구면에서 도달하는 빛의 에너지는 가까운 구면에서 오는 에너지보다 약해지게 되고, 관측이 가능한 영역을 무한한 우주까지 확장하더라도 지구에 도달하는 에너지는 유한하게 되어 어두운 상태로 존재하고 있어야 한다는 것이다. '빅뱅 우주론'에서는 유한한 우주의 나이를 해법으로 제시했다. 일정 거리 이상에서 발견되는 공간에서는 우주가 아직 탄생하기 전의 상태이기 때문에 항성이 존재하지 않는다. 이 경계 내에 존재하는 공간만이 인류가 관측하는 우주가 되며 이 내부에는 유한한 개수의 항성이 존재하기 때문에 당연히 지구에 도달하는 빛도 유한하게 된다. 현대 우주론에서는 이 경계선을 '우주론적 지평선$^{Cosmological\ Horizon}$'이라고 부른다. 정리하면, 우주의 나이는 유한하며 과거의 우주 모습은 현재의 우주 모습과 확연하게 다르다. 먼 거리에서는 탄생 초기의 우주 모습이 관측되며, 그 너머에 존재하는 별들이 아직 탄생하지 않은 암흑시대 우주의 모습이 우리가 보는 어두운 밤하늘의 대부분이므로 밤하늘은 어둡다. 알쏭달쏭 그러나 신비하지 않은가!

별의 해석2- 별 같은 존재들

우주의 별들은 빛을 내며 우주와 함께 팽창 이동한다. 이 사고를 확장하면 우리는 -비유적이지만- 우주의 별에 더해 두 개의 별을 더 상정할 수 있다.

두 번째 별은 과거에 살았던 별과 같은 이들이다. 노자, 묵자, (공자-정치 냄새가 너무 진해서 괄호 처리), 부처, 예수, 탈레스, 소크라테스, 아리스토텔레스 등 고대 인물과 이 책 중에 예시한 수많은 해석의 존재들이 인류의 지성과 영성을 밝힌 인간 별들이다.

세 번째 별은 나와 같이 공존하는 현시대의 별들이다. 공간적으로는 저 너머 어딘가에 있는 별. 일단 단순하게만 보면 노벨상 수상자들이 그들이다. 매년 크게 공헌한 사람에게 시상하니까 별이라 할 만하다. 한강 작가의 수상을 기념해서 좀 소개하면, 노벨상은 1901년에 처음 시상되었으며, 물리학상/화학상/생리·의학상/문학상/평화상의 5가지 상과 1968년 제정된 경제학상으로 이루어진다. 다른 상들은 스웨덴의 스톡홀름에서 수여되고, 노벨평화상만 노벨의 유언에 따라서 노르웨이의 수도 오슬로에서 수여된다. 노벨 경제학상은 1968년 스웨덴 국립은행이 제정한 것으로, 정식 명칭은 '알프레드 노벨을 기념하는 경제학 분야의 스웨덴 중앙은행 상'이다. 1901년부터 수여된 나머지 5개 분야의 상과 달리 1969년에야 처음 수여되기 시작한 것이지만, 설립 이후 노벨 재단이 관리하고 있고 수상자 발표와 시상도 다른 노벨상과 같이 행해지므로 사실상 노벨상의 하나로 여겨진다.

다른 별들도 우리는 꼽을 수 있다. 특히 망가지는 이 플래닛을 지키려 헌신했던- 심지어 목숨을 바친- 많은 이름 없는 이들.
 이 별님들의 빛 덕분에 우리는 어두운 밤하늘에서 이정표로 삼아 방향을 잡고 꿈을 꾸고 별에 맹세하며 사랑을 나누고 또한 힘든 이들은 위안을 얻는다.

 나는 오늘은 고개가 뻣뻣해질 정도로 더 올려다본다. 그리고 생각해 본다. 우주의 별, 역사의 별, 우리 시대의 별. 아, 나는 어떤 별이 될 것인가, 지렁이도 별을 볼까?

27. 마법 같은 Concept

이제까지 추상적인 이야기들을 많이 했으니 독자들 생각력에 도움이 되는 이야기를 해보려 한다. 비즈니스나 사회 현상을 해석의 힘으로 잡아내는 '콘셉트' 주제인데 내 전공이기도 하다.

기업이나 창작, 일상에서 많이 쓰면서도 제대로 알지 못하는 단어가 콘셉트^{concept}이다. 내가 제일기획 시절, 회사에서 가장 많이 쓰이던 단어가 아이디어와 콘셉트였다. 복잡한 현상을 푸는 해석이 단어 혹은 짧은 문장으로 정리된 보물이 바로 콘셉트다. 토르의 망치 뮬니르나 제우스의 번개 같은 마법을 부리기도 한다. 혹은 사이렌의 유혹이 될 수도 있다.

흔히 '개념'으로 번역되는 concept는 그렇게만 이해하면 원 뜻을 제대로 포착하기 힘들다. 파자를 해보면 con은 '가운데', '하나로' 정도의 뜻이고 cept는 '줄'이란 뜻이다. 우리 속담으로는 "구슬이 서 말이라도 꿰어야 보배다."가 딱 맞는다. 콘셉트는 기업에서는 소비자가 이 제품을 사야 하는 이유, 우리가 이 제품을 만든 이유를 짧게 줄인 말로 설명한다. 기본적으로 물성 차이나 심리 혜택에서 추출하지만(흔히 말하는 가성비, 가심비), 그렇게만 하면 80점을 넘을 수가 없다. 물성이나 혜택과는 다르게 해석해 가치^{value}를 제공하는 제품이 업계에서 존경받으며 앞서간다.

해석이 다른 브랜드들

미국 서부 개척 시대 엘도라도 신화를 안고 성장한 청바지의 원조 리바이스. 그 회사는 자신들 브랜드를 소개할 때 싸고 질긴 청바지라고 기능을 말하지 않는다. "자유를 입는다"라고 주장한다. 그래서 다른 청바지들과는 스토리텔링 차원이 다르다. 노스페이스와 함께 미국 아웃도어의 양대 브랜드인 파타고니아는 "지구를 위한 비즈니스를 한다"라고 자신들 사업의 콘셉트를 말한다. 그래서 의류회사가 최근엔 맥주나 포크 사업까지 뛰어들었다. 또 몇 예를 들어보겠다.

영국의 유명한 화장품 회사인 더바디샵의 창업자 아니타 로딕은 원래는 남편과 함께 1960년대의 히피로서, 세계를 여행하다가 귀국했다. 가난했던 그들은 처음엔 먹고 살려고 주변에 널린 녹색 병에 담은 화장품으로 사업을 했는데 크게 성공한 후에 사회운동가로도 활약했다. 내가 크게 영감을 받은 책인 「영적인 비즈니스」도 출간했다. 그녀는 "리더는 스토리텔러여야 하며, 다른 북소리에 맞춰 행진하는 사람들"이라는 명언을 남겼다. 모든 화장품이 광고모델을 비현실적으로 늘씬하고 아름다운 피부를 지닌 미녀들로 도배할 때 오로지 더바디샵만이 "세계는 8명의 슈퍼 모델과 그렇지 않은 39억 명의 여자들이 있다."라고 주장하는 일명 '루비 캠페인'을 전개해서 후에 유니레버 도브의 '리얼 뷰티' 캠페인에 영감을 주었다. 루비는 슈퍼 모델은커녕 좀 나이 들고 뚱뚱한 캐릭터의 여인이다. 2006년 더바디샵이 로레알에 인수되었을 때 언론은 결국 더바디샵 문화가 흡수될 거라고 어두운 전망을 내놨지만 아니타 로딕은 "우리는 그들 속에서 트로이 목마가 될 것"이라고 인터뷰했던 걸로도 유명하다. 실제로 로레알은 더바디샵의 정신적 유산을 일부 승계했다. 그의 남편은 〈빅 이슈〉 창간을 후원해서 세계 노숙자들의 삶을 지원하는 일을 벌였다.

붉은 황소 두 마리가 그려진 카페인 음료 레드불! 한국 L기업의 핫식스처럼 카페인 음료인 레드불은 그러나 각성 효과를 말하지 않는다. '모험가들의 음료'라고 말한다. 모험, 그것이 그들 비즈니스의 해석 특이점이다. 그래서 모험가들이 좋아하는 '레드불 리튼' 잡지를 발간하며 유명하지 않은 선수들로 구성된 축구팀도

창단했다. 지상 35km 위 성층권에서 자유낙하를 한 '스트라토스(stratos, 성층권) 프로젝트'로도 유명하다. 이탈리아 북동부 작은 농촌 출신 학생 렌조 로소가 개발한 빈티지 청바지 '디젤'의 이름은 특이하게도 연료인 디젤Diesel이다. "인류에게 중요한 연료가 되겠다."라는 의지를 천명한 것이라고 한다. 청바지가 인류의 연료라니? 실제 그들의 광고는 매우 혁신적이고 도발적이며 그들 경영의 핵심 키워드는 'Be stupid'(동명의 책도 나왔다)이다. 모두가 스마트를 쫓는 시대에 다른 길에 선 것이다. 이 외에도 고독한 서부 남자를 배경으로 한 최초의 필터담배 말보로, 외식이 기피되던 시대에 전 세계 누구나 간단히 먹을 수 있는 간편식을 제공한 맥도날드, 여성 몸매 보정형 스타킹을 개발한 스팽스 등도 마법 같은 사업 특이점, 즉 그들만의 콘셉트를 찾아낸 브랜드들이다. 2018년 리퀴드 데스Liquid Death라는 희한한 이름으로 창업한 캔 생수 음료도 해석 특이점이 전혀 다른 브랜드이다. 슬로건은 "당신의 갈증을 죽여라murder your thirsty" 콘셉트는 제품이나 그에 맞는 이벤트 혹은 캠페인과 이어질 때 마법 효과가 배가된다. 리퀴드 데스는 2024년엔 쿨러로 유명한 아웃도어 브랜드 예티와 협업해 관casket 쿨러를 공동 제작해 경매에 부치는 파격적인 이벤트도 했다. 하필 왜 관이냐고? 관은 차가우니까. 음료를 관 속에서 영원히 차갑게 유지할 것을 약속하는 의미다. 창업자 마이크 세사리오는 회사도 설립하지 않은 상태에서 실제로 존재하지 않는 제품의 광고 영상을 제작했다. 마이크의 의도대로 광고는 인터넷에서 화제가 되었고, 그 결과 '리퀴드 데스'라는 역발상 생수 브랜드가 실제로 존재한다고 믿는 사람들까지 생기게 되었다. 리퀴드 데스는 '펑크(창업자가 좋아하는) & 유머(젊은 소비자가 좋아하는)' 코드로 브랜드의 이미지를 구축한다. 매출도 급신장세다. 유명한 마케팅 이론가인 세스 고딘이 〈보랏빛 소가 온다〉에서 대표적 예로 들었던 폭스바겐도 특이점을 가진 브랜드다. 2차 대전 때 독일군의 차였던 폭스바겐(Volkswagen. 독일어로 국민차라는 뜻)은 그들의 적국이었던 미국 시장에 진출할 때 "Think Small"이라는 유명한 캠페인을 벌였다. 광고 코드는 유머. 대형차를 좋아했던 미국인들에게는 역발상 도전이었다. 결과는 대성공. 미국인의 적개심을 무너뜨린 것이다. 한국 브랜드로서는 천연 조미료를 고향의 맛으로 제시한 다시다, 우리 강산 푸르게 푸르게 캠페인을 전개한 유한킴벌리, 최초의 자연주의 브랜드로 자연을 담는 그릇을 표방한 풀무원이 1990년대까지는 사업의 해석 특이점이 꽤 다른 기업이었다. 그런데 여기에 대물 하나가 추가됐다. 2011년 설립해 파죽지세로 성장 중인 선글라스 회사, 젠틀 몬스터. 쌈지가 있었는데 아쉽게 중도 하차했다. 스타 마케팅, PPL, 왕훙 열풍의 계기가 된 TV 드라마 〈별에서 온 그대〉(SBS. 2013-2014) 왕재수 천송이가 쓰고 나온 선글라스도 젠틀 몬스터다. 젠틀 몬스터는 사람들을 '겉은 젠틀하지만 속은 몬스터'라고 해석하고 그들 기호에 맞게, 많은 아티스트와 협업한

콜라보 선글라스 제품과 퀀텀 프로젝트 같은 놀라운 퍼포먼스를 하는 걸로 유명해졌다. 그래서 할리우드 스타들의 애호품이 되었다. 이들은 브랜드에 대해 일반과는 해석이 달랐다. 그리고 그 해석은 마법이 되어 사람들의 마음을 훔쳤다.

내 삶의 콘셉트

내 이야기도 좀 하겠다. 내가 제일기획 시절 숙명여대 제2 창학 선언 겸 입시 광고 캠페인을 맡았을 때다. 당시 여대 인기는 점점 하락 중이었고 대학교 입시생도 줄고 있었다. 이 대세는 바꾸기 힘들었지만, 마법은 그때 나오는 법이다. 답은 경쟁 대학들에 있었다. 다른 대학교들은 대부분 '세계로', '미래로' 같은 획일적인 광고 문구를 썼다. 고민 끝에 우리는 숙명 여대 실체 그리고 여성의 힘에 주목하기로 했다. 우리 팀이 최종 제시한 안은 "세상을 바꾸는 부드러운 힘- 숙명", "여자가 크는 대학은 따로 있다."였다. 그리고 또 하나 주효했던 것이 다른 대학교들이 다 출세한 동문 선배를 광고모델로 쓸 때 우리는 유일하게 재학생을 모델로 썼던 차별화다(그 영향인지 그 후 대부분 대학교가 모델을 재학생으로 쓴다). 이 광고는 그해 한국 대학 광고의 패러다임을 바꾸고 응시율 20% 상승이라는 기록을 세웠다. 광고비는 겨우 5억 원. 슬로건은 아직도 이어지고 있다. 이 외에 상상 마케팅, 커뮤니티 마케팅 등 해석을 달리해 성공한 사례는 꽤 있지만 생략한다. 나는 이 경험을 통해서 '해석이 곧 마법'이라는 믿음을 가지고 있다.

독자 중에 기업에서 경영, 마케팅을 하지 않는 이라면 "위 사례들이 나와 무슨 상관?"하겠지만 그건 아니다. 이 콘셉트는 나의 인생, 나의 일에도 충분히 적용이 가능한 마법이다. 사람들은 "당신을 소개하세요" 하면 보통은 나이, 출신학교, 현재 직업, 취미 등을 나열하는데 그것은 다른 사람들 머리에 기억되기 힘들다. 그런 사람은 당신 말고도 많으며 또한 학벌이나 직장이 좋으면 질시의 대상이 되고 안 좋으면 무시의 대상이 된다. 취미는 사람을 갈라놓는 역기능도 한다. "저 하이닉스 다녀요", "저 ○○대학 경영학과 교수입니다.", "AI 전문가"라고 말하는 데 얼핏 이들이 훈장 같으나 한편으로는 그 조직의 부속품이라는 인상을 준다. 저 강남 살아요, 저 분당 살아요 해봤자, 쟤=강남녀, 분당남 소리밖에 듣지 못할 것이다. 거기 사는 사람이 수십만 명인데 뭘. 남다른 인상을 주려면 자기 콘셉트를 하나 정하는 게 좋다. 제일기획에서 강조하는 좋은 콘셉트의 기준은 ▲적합성 ▲차별성 그리고 ▲탁월함 세 요소다. 이것은 매우 중요하니 기억해 두기를! 사람들 관심을 끌고, 다른 이와 달라야 하고, 확 튀도록 탁월_{salient}해야 한다.

내가 2017년부터 춘천마임축제에서 감독으로 일할 때 만난 포크레인 기사가 있었다. 그의 일은 축제장 땅을 파서 땅 밑 무대를 만드는 일이었다. 그의 명함을 받았는데 거기 '지구 조각가'라고 쓰여 있었다. 덕분에 아직도 그이를 기억한다. 어떤 어린이는 자기 집 앞을 쓸면서 "저는 지금 우주의 한 모퉁이를 쓰는 중"이라고 했다. 그 우주적 해석이 멋지지 않은가! 지금 쏘카에서 일하는 후배는 자기를 '경험 디렉터'라고 소개한다. 어떤 저자들은 자기를 '관점 디자이너', '지식 생태학자', '브랜드 심리학자'라고 부르며, 어떤 이는 메타버스 가능성에 주목해 '메타버시안metaversian', 기후에 관심 많은 사회운동가는 '기후 시민'이라고 한다. 기업이나 사업부도 가능하다. 위니아 딤채의 '발효 과학 연구소'는 그 콘셉트 효과를 톡톡히 봤다. 나는 스타트업들이 이런 콘셉트를 담은 연구소 타이틀을 만들어 운영하기를 추천한다. 홍보 효과에 기업 신뢰도도 올라가고 직원들의 사업 방향도 정해진다. 그렇게 내가 추천한 것이 '선물만 생각하는 연구소', '웃음 문화 팀', '지구를 생각하는 연구소' 등이 있다. 나는 회사 다니던 시절 영업 2부장으로 잠시 근무한 적이 있는데 나는 별명을 '상콘 팀'이라고 붙였다. 상콘은 '상상을 담는 콘테이너'의 약자다. 이것이 나중에 그 회사 커뮤니티 마케팅의 기원이 되었다. 화상 솔루션 회사인 구루미(대표 이랑혁)의 후원으로 '화상사회연구소'를 만들어 3년 운영한 적도 있다. 그 일을 하면서 메타버스와 ESG를 주제로 한 「레디, 네 개의 세상」을 출간했다. 덕분에 내 전문 영역이 하나 더 추가됐고 2022년 이재명 대선 후보 당시 공약으로 제시되어 위원장 타이틀을 얻을 뻔하기도 했다.

과거의 콘셉트 문화, 별호

콘셉트엔 일의 전문성이나 가치, 인생관, 지향 등에 대한 자기만의 해석 특이점이 들어가 있다. 콘셉트는 종종 이름에 그 모습을 드러낸다. 과거 직업이 별로 없던 시대에 선비들은 호를 썼다. 아호雅號는 문인이나 예술가의 호나 별호를 높여 이르는 말이다. 지금에서 보면 콘셉트와 비슷한 기능의 호칭이다. 김정희의 호로 알려진 추사秋史는 자(字. courtesy name. 한자문화권에서 성년이 되었을 때 성인으로 예우해서 부를 수 있도록 학식 있는 어른들이 지어주는 새 이름)고 자기가 셀프로 붙인 완당, 예당, 시암, 과파, 노과, 농장인 등 호가 무려 200여 개가 넘는다. 2012년 유네스코 세계 기념 인물로 지정된 백과전서 학자 정약용은 다산, 사암, 탁옹, 태수, 자하도인, 철마산인, 문암일인 등이고 집에서 따온 당호는 여유당與猶堂이다. 호는 당시 김정희나 정약용의 마음 상태나 지향점을 드러내는 기호로 작동하면서 이 책에서 말하는 콘셉트의 표현 기능을 한다. MZ 세대가 많이 쓰는 닉네임도 그런 호와 자 문화유산의 일환으로 보인다.

이름은 늘 신성한 것으로 존중되었다. 죽은 자에게도 그가 살아있을 때의 업적에 따라 다른 이름이 붙여지곤 했다. 조선시대에 시호諡號와 묘호墓號가 그 예다. 시호는 왕이나 뛰어난 신하나 학자가 죽으면 칭송해서 부르는 이름인데 정부에서 추증했다. 조선시대에는 시호도감이라는 관청을 세우고 예법을 적은 책과 신하들의 의견을 참고해 시호를 정했다. 조선 제3대 임금인 태종은 국가 기강을 확고히 세웠다는 뜻으로 시호를 '공정', 세종은 태종이 만든 규범을 잘 지켰다는 뜻에서 '장헌'이다. 충무공은 불멸의 이순신 장군 시호이다. 오늘날 우리가 임금을 부를 때 시호보다 익숙한 것은 태조, 태종, 세종과 같은 이름 묘호이다(조는 종과 달리 나라를 세운 왕에게 붙이는 것이었으나 후에 그에 버금 가는 이에게도 붙인 묘호다. 연산군, 광해군 같은 이는 묘호가 없다). 이 역시 임금이 죽은 다음에 공덕을 칭송하여 붙이는 시호의 하나이지만, 시호와 구분해 '묘호'라고 부른다. 임금의 정식 이름은 묘호 뒤에 시호를 붙여 완성한다. 태종의 정식 이름은 '태종공정대왕', 세종은 '세종장헌대왕'이다.

유럽의 경우 왕 이름에 한 단어로 드러나는 별호를 썼다. '사자심왕lionheart 리처드', '유럽의 할머니 빅토리아 여왕', '처녀 여왕 엘리자베스 1세' 같은 식이다. 리처드 1세의 동생으로 실정을 거듭하다 귀족들에 떠밀려 마그나카르타를 승인한 존 왕은 유럽 땅 대부분을 잃어 '실지왕lackland'으로 불렸고 이름이 같은 스코틀랜드 존 왕은 스코틀랜드 땅을 영국 왕에게 바쳐 '벌거숭이 왕'이라고 조롱을 받는다. 루이 14세는 '태양왕'이라고 불렸다. 유명한 왕족이나 귀족들도 이런 별칭을 많이 썼다. 이 전통은 그 후에도 이어져 독일을 통일한 수상 비스마르크는 '철혈 재상', 마거릿 대처는 '철의 여인'(Iron Lady. 원래는 이스라엘의 골다 메이어 총리 수식어. 이 별호를 얻은 여성 정치인은 그 외에도 인디라 간디, 바버라 캐슬, 율리아 티모셴코, 앙겔라 메르켈 등 다수 있다)'이라고 불렸다. 미국은 19세기에 한 방면에 전설적 기업인들을 석유왕 록펠러, 철도왕 카네기, 철강왕 밴더빌트, 금융왕 모건 등 '○○왕'이라고 불렀다. 별호에 인색해진 현대 한국은 전설적 기업가의 이름을 이런 콘셉트 없이 그냥 회장 이름으로 불린다. 반도체 왕 이건희, 철의 건설자 박태준, 자동차왕 정몽구 등은 어떨까? 한국은 대신 '국민의 정부'(김대중), '문민정부'(김영삼), '참여정부'(노무현) 등 주로 진보 정부가 표방한 정부 콘셉트를 쓴 적이 있다. 신기하다. 겨우 한 단어에 그 정권의 핵심을 담다니! 쓴소리를 하자면 이재명 후보가 2025 대선 때 쓴 '진짜 대한민국'은 열망은 알겠으나 그 실체를 모르겠다.

독자 여러분도 당신 회사를 키우려면 이런 콘셉트=이름 마법을 당장 써보시기를! 아브라카다브라.

28.   Creative와 세렌디피티

여기 그림이 하나 있다. 온통 빨간 원만 있는 그림이다. 뭐지, 추상? 그런데 옆에서 보면 이것은 기린이 목을 쭉 빼서 그 아래 챙이 넓은 원형의 빨간 모자를 쓴 여인을 위에서 아래로 바라본 그림이다. 시점^{viewpoint}의 마법이고 시점은 곧 해석에서 나온다. 「어린 왕자」는 현실에 없는 어린 왕자의 눈으로 어른 세상을 해석한 그야말로 해석 소설인데, 모자처럼 생긴 어떤 그림 이야기로 시작된다. 그 모자는 화자(비행사)와 어린 왕자 해석에 따르면 사실 코끼리를 먹어 치워 배가 불룩해진 거대한 보아뱀이다. 보이지 않는 것을 보는 눈! 벨기에 출신 초현실주의 화가인 르네 마그리트 그림들은 겉으로 보기에는 신사, 중절모, 우산 등 일상 오브제들을 그린 듯하지만, 이런 오브제들을 예기치 않은 문맥에 위치함으로써 새로운 해석 특이점을 부여하곤 했다. 대표작으로 꼽히는 그림인 '골콩드(겨울비)'엔 중절모를 쓴 신사들이 빗방울처럼 하늘에 떠 있다. 땅에서 띄웠을 뿐인데 맥락을 바꿈으로써 대상을 바라보는 인식에 충격을 준다.

빨간 원, 모자, 골콩드⋯ 사물을 다르게 해석하는 추상의 마법이 이렇게 탄생한다. 위와 아래, 안 그리고 반대편에서 바라보는 사유의 힘은 해석의 마법을 낳는다. 그 해석에서 세상을 움직이고 와우! 소리를 낳는 창조가 이루어진다.

해석 특이점을 찾는 다섯 단계

새로운 창조를 위해 해석 특이점을 찾으려면 내가 생각하기에는 다섯 개 과정이 필요할 듯하다.

1. 믿음. 내가 아는 어떤 관념, 상식과는 다른 해석이 저기에 숨어 있을 것이라고 믿어보자.
2. 그 믿음을 강화하기 위해 해석을 달리한 멋진 사례를 많이 익혀두자. 기억에서 상상이 나오는 법이다.
3. 물음을 던져라. 물음은 사회적 파괴를 주목할 때 나온다. 문화혁신전략을 다룬 책 〈컬트가 되라〉(더글라스 홀트 저)에서 저자는 세상은 일정 기간 관행이 쌓이면서 이른바 '사회적 통념'이

라는 쥐덫이 만들어진다고 말한다. 쥐를 더 많이 잡으려면 쥐덫을 더 설치하라는 이론이 주로 통한다. 19세기 사람들은 마차로 더 빨리 가려면 말을 더 많이 쓰라고 권고했다. 당시 기차는 말보다 느렸다. 그러나 기차의 성능이 개선되면서 말 추가 이론은 무용지물이 되었다. 이 통념이 지속되다가 어떤 이유로 인해 '사회적 파괴'가 일어나면 새로운 '이념'을 제시해야 한다. 사회적 파괴는 시대에 질문을 던지는 이들에게만 보인다. 나이키가 "저스트 두 잇!Just do it" 캠페인으로 성공한 것은 1980년대 말 미국 사회가 아메리칸드림을 잃고 각자도생해야 하는 상황이 되었음(이때 조깅 문화 확산)을 인지하고 '솔로 투혼'이라는 이념=콘셉트를 잡았기 때문이다. 위 책에서는 구분하지 않지만 내가 보기에 사회적 파괴는 큰 파괴와 작은 파괴가 있다. 혼족, 90년생, 국지 전쟁 등은 작은 파괴고 기후 이상, 사회적 양극화, 극우화 등은 큰 파괴이다. 큰 파괴를 포착해야 큰 이념을 만들어 성공할 수 있다. 그러니 늘 지금이 어떤 시대야? 우리는 지금 뭐에 빠져있어? 앞으로 뭐가 돌파구야? 등을 물어야 한다.

4. 위의 질문을 바탕으로 새로운 해석을 시도하는데 사물이나 현상을 위, 아래, 안과 밖에서도 보는 것이다. 그러면 해석이 달라진다. 대교의 '눈높이 학습'이란 개념이 여기서 나왔다. 초기 대교 광고에는 스미스소니언 박물관에서 어떤 여선생이

아이들에게 무릎을 구부리고 눈높이를 맞추는 장면이 나온다. 보통 선생님들은 큰 키로 아이들을 내려다보며 가르쳤다. 광고에서도 이런 관점 바꾸기 과정을 가르친다. 작은 것 크기 보기, 큰 것 작게 보기, 다른 성性으로 보기, 미래로 미리 가서 보기 등.

5. 다른 해석을 하고 그것을 표현하려면 배짱과 '뇌짱brain+grit'이 필요하다. 어떤 이들은 멋진 해석을 하고도 세상의 이목이 두려워 이를 애써 감춘다. "모난 돌이 정 맞는다", 중립, 중용 같은 말을 신봉하는 이들이 특히 그렇다. 그런 것은 버려라. 내 안에 어느 순간 천재성의 빛이 찾아왔을 때 그를 메모하고 세상에 내놓아라.

위에 해석 사고와 습관을 위해 '가로등의 수인囚人' 일화를 씹어보자.

한 남자가 퇴근하고 집으로 가려고 골목길에 들어섰다. 이미 날은 어두워져 가로등이 켜졌다. 집 앞에 다다르니 한 소년이 가로등 밑에서 뭔가를 찾고 있었다. 남자가 물었다.
"얘, 뭘 찾니?"
"500원짜리 동전을 잃어버렸어요."
"그래?"

남자도 같이 찾았는데 가로등 불빛 아래에는 아무것도 없었다.
"여기서 잃어버린 거 맞니?"
"잘 모르겠어요."
"그런데 왜 여기만 찾는 거니?"
"저기는 어두워서 안 보이잖아요."

이 일화는 우리가 보통 하는 '가로등 아래서만 동전 찾기' 방식을 경고한다. 동전은 십중팔구 어둠 속에 있을 것이다. 동전을 찾으려면 그 어둠에서 찾아야 한다. 그 어둠이 바로 우리가 잘 보지 않는 위, 아래, 안, 반대편이다. 그리고 거기로 가려면 믿음과 배짱 & 뇌짱이 필요하다.

세렌디피티

자, 우리는 지금 창조를 위해 그럼, 어떻게 해석할까를 알아보는 중이다. 그것은 미리 준비하고 합리적인 절차와 용기가 필요하다. 그런데 역사엔 아주 다른 해석의 마법이 있다. 다음의 전설을 하나 보자.

스리랑카 왕 지아페르는 슬하에 세 왕자가 있었다. 나이가 든 왕은 죽기 전 명상을 하기 위해 왕위를 물려주려 하였으나, 세 왕자는 이를 거절했다. 이에 왕은 세 왕자를 일부러 추방했다. 방랑하던 세 왕자는 우연히 낙타가 지나간 흔적을 보게 되고 곧 낙타를 잃어버린 주인을 만났다. 세 왕자는 "혹시 그 낙타가 절름발이고, 한 눈이 멀었으며, 이가 빠졌고, 등에는 임신한 여인이 타고 있으며, 한쪽 옆구리엔 꿀단지, 다른 쪽에는 버터 단지를 달고 있었지 않냐?" 물었다. 주인은 세 왕자가 낙타를 훔친 것으로 의심하여 그 지역의 베라모 왕에게 고발한다.

왕자들은 왕에게 그렇게 추리한 근거를 설명했다.

"왕이시여, 낙타가 풀을 먹고 지나간 흔적에서 한쪽 풀만 먹었으니 한쪽 눈이 멀었음이고, 풀이 고르게 뜯겨있지 않고 이빨 크기만큼 튀어나온 부분이 있으니 이가 빠진 부분이 있는 것이고 3개의 발자국은 선명한데 하나는 질질 끌린 것으로 보아 그 낙타는 한 다리를 못 쓰는 절름발이이며 낙타가 지나간 발자국 옆 한쪽엔 단것을 좋아하는 개미가, 다른 쪽엔 냄새를 좋아하는 파리가 몰려 있는 것으로 보아 옆구리 양쪽에 꿀단지와 버터 단지를 달고 있었을 것입니다. 낙타가 무릎을 꿇고 앉은 자국 옆에 사람 발자국이 보였는데 옆에 소변 자국이 있는데 그 소변 자국 옆에 한 손을 짚은 자국이 있었으니 그 사람은 임신부였을 것입니다. 그러나 우리는 그것을 실제 본 적이 없고 훔쳤다는 것은 우리 왕자들 신분에 맞지 않습니다."

이후 낙타는 다른 곳에서 발견되었는데, 왕자들의 해석과 추리는 한치도 틀림이 없었다. 베라모 왕은 그들의 지혜를 칭찬하여 왕궁에 머물게 했다. 왕자들은 여러 나라를 더 돌며 지혜를 익혔고 통찰력과 지혜로 베라모 왕을 도왔다. 왕자들은 부왕의 병이 중함을 듣고 귀국했는데 지아페르 왕은 기뻐하며 왕자들에게 축복을 내린 뒤 죽었다. 이후 첫째 아들은 왕위를 계승하고, 둘째 아들은 모험에서 만났던 인도 여왕과 결혼하고, 셋째 아들은 베라모 왕의 사위가 되어 셋이 다스리는 나라는 번영을 이뤘다– 이상 '스리랑카의 세 왕자' 설화

세렌디피티serendipity는 '의도치 않게, 우연히 얻은 경험이나 성과'를 일컫는 영어 단어이다. 위 설화의 배경이 되는 나라인 스리랑카의 옛 명칭 '세렌디브(아랍어)' 또는 '세렌디프(페르시아)'에 –ity가 결합한 형태에서 왔다. 처음 사용한 사람은 영국의 정치인이자 작가인 호레이스 월폴로 알려져 있다. 1754년 그는 친구에게 보내는 서신에서 '세렌디프의 세 왕자' 설화를 들었는데, '우연성과 재치를 통해 미처 몰랐던 사실을 발견하는 모습'의 의미로 사용했다고 밝혔다. 거기에 '우연히, 뜻밖에 얻는 행운' 의미가 더해졌다. 우리의 논지에서 후자는 의미가 없고 전자, 즉 우연성과 재치를 통해 미처 몰랐던 사실을 발견하는 모습'이 중요하다. 이것이 바로 뜻밖의 발견으로 찾은 새로운 해석 마법이다.

이 용어는 뭔가를 열심히 찾은 이들에게 희망을 준다. 세 왕자의 지혜가 그냥 만들어질 리는 없다. 왕자들은 관찰, 공부 그리고 그를 통해 미지의 것을 해석하고 추리하는 힘을 늘렸을 것이다. 평범하지 않은 낙타를 만난 것은 우연이나 그 우연을 필연으로 만든 것은 왕자들의 돋보이는 해석이다. 필연은 우연의 해석에서 결과로 나온다. 세렌디피티는 통상 발견과 발명으로 나뉜다. 아래에 그 목록을 나열해 본다.

발견: 감마선 폭발과 볼프-레이에별 관측, 갑골 문자, 프랜시스 베이컨의 대륙 이동설, 보스-아인슈타인 응집, 수크랄로스, 신항로 개척(크리스토퍼 콜럼버스), 우주배경복사, 총기 사고와 위의 소화 작용 발견, 적외선, 커피 열매의 발견과 커피 원두를 볶아 먹는 방법의 발견, 크리스퍼 유전자 가위, 페니실린과 라이소자임 발견(알렉산더 플레밍), 허블 울트라 딥 필드(지상에서 맨눈으로 관측할 수 있는 면적의 2400만분의 1밖에 안 되는 좁은 구역에서 무려 3,000개의 은하가 발견) 등

발명: 가나슈(ganache. 프랑스어로 멍청이) 초콜릿, 고르곤졸라 치즈, 두랄루민, 벨크로(찍찍이), 비아그라, 아스피린, 안전유리, 전자레인지, 브라우니, 포스트잇, 모브(보라색 합성 염료), 와플 등

독자들은 이를 외우려 하지 말고 그 우연함에서 어떻게 창조

적 해석이 통했는지 주의해서 보기를! 어쩌면 우리는 일상에서 세렌디피티 기회를 놓치고 있을지도 모른다. 해석 특이점을 놓쳐서. 또는 배짱 & 뇌짱이 없어서.

29. 멋진 해석의 명언 2

망치를 든 사람에게는 모든 것이 못으로 보인다. ―마크 트웨인

역사는 언젠가는 거짓으로 드러나고, 신화는 언젠가는 진실로 드러난다. ―버나드 쇼

남자가 멋진 신사로 컸다는 것은, 그가 많은 기회를 차단당했다는 의미이다.
성인에게도 과거가 있고, 죄인에게도 미래가 있다.
우리 사회는 범죄자는 용서하는 경향이 있다. 그러나 꿈을 꾸는 자는 용서하지 않는다.
　　―오스카 와일드

"사막이 아름다운 건 어디엔가 우물이 숨어 있어서 그래." 그가 말했다. 나는 갑자기 모래의 그 신비로운 반짝거림을 이해하게 되었다. ―「어린 왕자」에서

배는 항구에 있을 때 가장 안전하다. 그러나 그것이 배의 존재 이유는 아니다. ―존 쉐드

나는 사람들이 절망을 품었을 때 희망을 말하는 사람보다, 모두가 희망을 품었을 때 절망적이라고 말하는 사람을 현자라고 생각하는 경향이 있음을 알았다. ―존 스튜어트 밀

신은 디테일에 있다.(이것이 후에 "악마는 디테일에 숨어 있다."로 와전)
Less is more ―미스 반 데어 로에

Small is beautiful ―에른스트 슈마허

고통은 아래로 흐르고, 돈은 위로 흐른다. ―권영국

가난한 이들의 지옥이 부자들의 천국을 만든다. ―빅토르 위고

일화) 공동묘지

아버지와 아들이 사막을 여행하고 있었다. 더위는 살인적이었다. 아들이 아버지에게 말했다.

"아버지, 이러다 죽을 것 같아요."

"포기하면 안 된다."

포기하고 싶은 마음을 억누르고 한참을 걷는데 공동묘지가 보였다. 아들은 불길한 생각에 아버지에게 말했다.

"여기서 사람들이 많이 죽었나 봐요."

공포에 떠는 아들을 보며 아버지는 웃으며 말했다.

"아들아, 묘지를 보니 가까운 곳에 사람 사는 마을이 있겠구나. 이제 얼마 남지 않았다."

아들은 묘지에서 절망을, 아버지는 희망을 보았다.

30. 명품을 만드는 욕망의 사다리

 부자, 학원, 부동산, 텐프로, 아이돌 스튜디오, 성형외과가 몰려 있는 강남을 점잖게는 '욕망의 해방구' 안 좋게는 '욕망의 쓰레기장'으로 부른다. 어떻게 불러도 좋은데 그럼에도 대중은 강남을 선망한다. 욕망이 있기 때문이다. 욕망은 도덕을 넘어서는 위력을 유세한다. 나는 이 욕망에서 북유럽 신화에 나오는 세계수 위그드라실('오딘의 말'이란 뜻) 밑에서 이 나무를 쓰러뜨리려고 나무를 갉아 먹는 드래곤 니드호그^{Nidhogg}가 연상된다. 니드호그 이름의 뜻은 고대 노르드어로 '증오에 차 공격하는 자' 혹은 '조소하는 학살자'이며 '지옥의 용'으로도 불린다. 니플헤임에 있는 샘물인 흐베르겔미르('울부짖는 솥') 근처에 산다. 나무를 갉아 위그드라실과 아홉 세계를 약화하고 불화를 일으켜 라그나로크의 무대를 준비한다. 이빨에 독이 있어서 뿌리와 주변 흙이 썩는데 일곱 마리 뱀과 함께 갉아 먹는다. 의도치 않게 샘 지킴이 역할도 한다. 지옥인 나스트론드에서 늑대들과 함께 죄인들 시체를 먹어 치우기도 한다. 위그드라실 가지에 사는 거대한 수리와 매번 충돌하는데 위그드라실에 사는 청설모 라타토스크가 둘을 늘 이간질하기 때문이다. 이 니드호그는 인간이란 위그드라실의 밑에서 끊임없이 인간의 정의, 정열을 갉아먹어 파멸을 준비하는 욕망을 연상케 한다. 욕망을 안 좋게만 보면 그렇다. 그러나 욕망엔 또 다른 측면도 있다.

심리학, 문학 그리고 마케팅에서 욕망은 매우 친숙한 단어다. 욕망은 욕구와 구별되는 용어다. 욕구^{needs}는 먹고 자고 섹스하고 편안해지고 싶은 생물학적 본능이다. 이에 반해 욕망^{desire}은 관계 속에서 타자를 의식해서 행동하는 심리적 경향이다. 그냥 이동 수단으로서(욕구) 소나타만 해도 훌륭한데 제네시스나 벤츠를 타고 다니면서 타자에 과시하고 싶은 것은 욕망이다. 명품 소유, 과시, 학력, 승리, 명성, 부 등은 다 욕망이다. 나는 마케터로서 이 욕망을 들여다보다 흥미로운 해석을 하나 고안했다.

두 욕망의 사다리

욕망의 사다리라고 하면 심리학이나 마케팅을 공부한 사람은 바로 인본주의 심리학자인 A. 매슬로의 '욕구 5단계'를 떠올릴 것이다. 맞다. 나는 이 이름을 그 모델에서 빌려왔다. 그러나 내용은 다르다. 일단 욕망의 사다리는 둘로 나눠진다. 하나는 욕망 일반의 단계를 나눈 '큰 욕망 사다리'다. 1. 불안과 생존(승리 추구)- 2. 과학 혹은 기술 욕망(편리 추구)- 3. 인정받고 싶은 욕망(과시)- 4. 문화를 누리고 싶은 욕망(인간다운 경험)- 5. 공동체 욕망(민족 혹은 부족 사랑)- 6. 자아를 완성하고 싶은 철학적 욕망(초월)이다. 제대로 된 이라면 점점 상위 단계 진입을 욕망한다. 한국에 글로벌 명품이 잘 안 나오는 것은 이 아랫단 욕망만 추구하기 때문이다. 스마트폰에서 갤럭시는 기술을 말하는데 애플은 UX를 강조한다. 이를 표로 보면 다음과 같다.

표) 큰 욕망 사다리

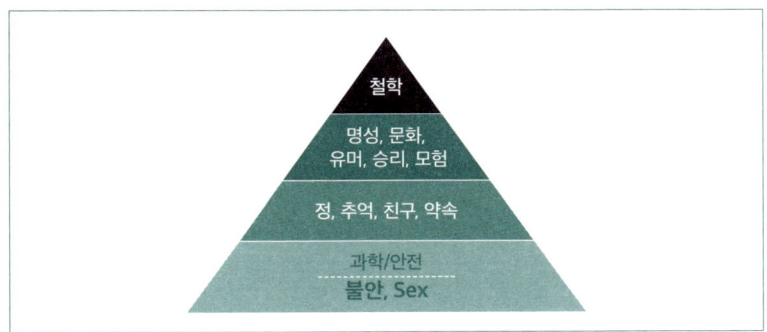

두 번째는 '작은 욕망 사다리'인데 이는 위에 큰 욕망 사다리에 나타난 한 욕망 요소를 다시 잘게 나눈 것이다. 위 큰 욕망 사다리에서 1단계 욕망에 속하는 '승리'라는 한 욕망을 사다리로 해석을 해보자. 가장 낮은 차원의 승리 욕망은 '너와의 싸움에서 이기는 것'이다. 이것은 생존에 관계하므로 아직 욕구 단계다. 그 다음부터는 고차원 욕망 단계로 올라간다. 2단계는 '나와의 싸움에서 이기는 것'이다. 3단계는 나와 너를 떠나서 '우리가 승리하는 것'이고 4단계는 그것이 단기간이 아니고 '지속 가능한 승리'이며 마지막 5단계는 우리 모든 생명체가 거하는 '지구의 승리'이다.

이것을 브랜드에 적용해 보자. 대부분의 브랜드는 너와의 싸움에서 승리하는 것을 주장한다. 너보다 더 빨리, 너보다 더 행복, 너보다 안전, 너보다 출세, 너보다 하이…등. 이것은 1차원적이다. 주변을 둘러보라. 대부분의 브랜드가 이를 표방한다. 그런데 이 욕망 단계를 깬 브랜드가 나왔다. 나이키다. 승리의 여신 이름에서 따온 나이키지만 그 브랜드는 1980년대 후반부터 다른 승리 즉, "저스트 두 잇Just do it" 캠페인을 펼쳤다. "남 의식하지 말고 그냥 너부터 해" 이 캠페인은 세계 많은 이들에게 영향을 미쳤다. 도브의 '리얼 뷰티Real beauty' 캠페인도 "다른 사람 시선을 의식하지 말고 너 자신의 아름다움을 찾아"라고 주장한다. 이로써 나이키와 도브는 경쟁 브랜드들과는 격이 다른 브랜드로 승격했다. 이 단계 위에는 우리의 승리를 외친 화장품 브랜드가 있다.

더바디샵이다. 동물실험 반대, 제3세계 커뮤니티와 연대, 루비 캠페인 등을 주장한 더바디샵은 영혼이 있는 비즈니스를 추구한다. 이 단계의 욕망을 주장한 브랜드는 뜻밖에도 별로 없다. 그 위에 또 다른 단계가 있다. '공동체의 지속 가능', '지구의 승리'를 주장한 파타고니아이다. 창업자인 이본 쉬나드 회장은 "지구를 위해 비즈니스를 한다", "100년 뒤를 보고 결재한다", "이 제품 사지 말고 중고 제품을 사라" 같은 파격 주장을 해서 큰 명성을 얻었다. 화성으로 이주 운운하는 엉뚱한 일론 머스크와는 차원이 다른 브랜드 리더다. 이를 표로 하면 다음과 같다.

표) '승리' 욕망 사다리

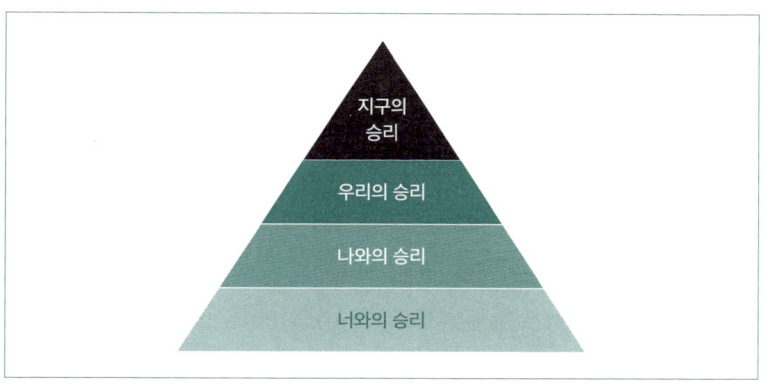

승리 같은 추상적 가치에만 응용되는 것은 아니다. 나는 이를 기능 브랜드인 나비엔의 보일러, 즉 '난방 욕구'에 적용해 보았다.

그러면 '나를 위한 난방'-'너를 위한 난방'-'우리의 난방'-'지구의 쾌적함'이란 4단계 욕망 사다리로 나누어진다. 그동안 보일러 업계는 1차원 단계에서 경쟁했다. 그런데 나비엔은 과거 "여보, 아버님 댁에 보일러 놔 드려야겠어요." 캠페인(2단계 난방 욕망)으로 큰 명성을 얻었다. 이 시도는 소중한 사람의 난방을 생각한 '난방 선물 시장'을 열게 했다. 이 단계를 넘으면 사회적으로 난방에서 소외된 사람들 그리고 지구의 탄소까지 걱정하는 보일러를 만들게 된다. '학습'도 마찬가지다. 당장 써먹을 실용적 지식 학습-지식에 재미를 더한 학습-우리가 참여하는 학습 그리고 사회적 가치까지 생각하는 학습이란 네 단계 학습 사다리가 만들어진다. 그러면 다차원의 교육 콘텐츠가 나온다. 실제 나는 이것을 2025년 나비엔 직원역량 강화 프로젝트에서 적용했는데 온라인 학습 플랫폼을 만들려던 팀은 이로써 아주 차별화되고 품격 있는 교육 플랫폼 콘텐츠를 제안하게 되었다. 이렇게 이 욕망 사다리를 통한 해석은 현실 응용력이 크다.

캐나다 소재 컨설팅 기업인 비숍 커뮤니케이션즈의 CEO인 빌 비숍이 쓴 「핑크 펭귄」 제6장 '최상의 이득'에는 욕망의 사다리와 비슷한 '이득의 피라미드'가 소개된다. 고객이 바라는 진짜 이득이 최상의 이득이고 그 아래 표면적으로 드러난 물질적, 기능적 이득을 2차 이득, 3차 이득이라고 분류하는 내용이다. 다만, 욕망이 아니라 좀 가치가 낮은 용어인 '이득' 관점으로 바라본 점과 사다리 층이 3개 정도밖에 안 되어 욕망에 대한 다층적 분석이 미흡해 보인다.

인간을 지구상 존재하는 존재 중에 가장 욕망의 존재라고 볼 때 욕망의 해석은 얼마나 중요한가! 이 욕망 사다리를 그리다 보면 해석의 넓이, 깊이가 달라져 우리 머리가 깨지면서 세상의 더 높은 단계로 갈 수 있다. 이게 욕망의 이중성이다. 독을 뿜으면서도 한 단계 더 나아가게 만드는. 참, 앞에서 위그드라실에 사는 독룡 니드호그 이야기를 언급했는데, 욕망과 파멸의 용 니드호그가 끊임없이 위그드라실을 갉아 먹고 독기를 뿜음에도 나무가 죽지 않는 이유는 신들의 땅인 아스가르드에서 세 요정이 끊임없이 생명수를 불어주기 때문이다. 세 요정은 베르단디(존재), 우르드(운명), 스쿨드(필연) 운명의 여신들, 즉 노른들(norn. '운명의 직공')이다. 우리 인생에서도 욕망은 대체로 독기를 뿜지만, 이 세 요정을 가슴에 두고 지킨다면 독기에 쓰러지지 않고 오히려 더 강해질 수 있다는 신화적 암시 같다.

31. 이름의 마력

    2022년 시체스영화제에서 오피셜 판타스틱 상을 수상한 스페인 영화 〈이라티: 신화의 숲〉에는 "그러니 옛말을 명심해야 하네. 이름이 있는 것은 모두 실재한다네."라는 음악 가사가 허밍처럼 나온다. 이름의 힘에 대한 인상적인 해석이었다. 마찬가지로 미국의 여성 작가인 어슐러 르 귄이 지은 판타지 「어스시의 마법사」(1968)도 어느 판타지보다 이름의 마법에 집착한다. 마법사들은 자연에 있는 숱한 사물과 신 그리고 드래곤의 진짜 이름을 아는 자이다. 그들은 진짜 이름을 불러 소환하고 소통하고 그 힘을 빌려 마법을 발휘한다. 영화나 판타지에 나온 것만도 아니다. 김춘수 시인은 "내가 너의 이름을 부르자/ 너는 꽃이 되었다."라고 읊었다. 설마 이름이 그렇게 대단해? 하겠지만 실제로 우리는 생활에서 이름을 부여하면 느낌이 달라지는 마법을 경험한다. 내 아내가 집 앞에 키우는 들고양이 이름은 '망고'고 그 녀석 이모는 이름이 '삼삼이'다. 그 이름이 있고 없고는 아주 큰 차이를 불러온다.

오늘날 우리는 이미지 시대를 살고 있다고 한다. 그래서 이름의 중요성을 과소평가한다. 그러나 이는 착각이다. 이름엔 역사와 이야기 그리고 세상을 움직이는 강력한 마법이 있다.

땅에 붙이는 이름

이름은 식별, 차이, 특이점을 알리는 역할을 하고 시간이 흐르면서 점점 어떤 상징이 되어간다. 인간은 땅에도 이름을 붙인다. 크게 보면 유럽, 아시아, 아프리카, 북극 등 이름은 다 그리스 중심 신화와 관계된 것이다. 좁게는 한국, 그중에서도 서울을 봐도 이름엔 그 역사 혹은 설화가 담겨 있다.

영등포구 여의도에 사는 사람들은 여의도 뜻을 제대로 알고 있을까? 여의도汝矣島는 한자로 풀면 뜻을 알 수 없다. 너汝에, 단정이나 반어를 나타내는 어조사 의矣다. 뭐야? 현재 온라인 사전에서 풀고 있는 여의도는 도무지 맥락이 안 맞다. 그런데 이를 이두식으로 해석하면 '넓은 섬'(너/너르 汝, 어조사 矣)이라는 뜻이 된다. 이런 식으로 지명을 풀면 그 지명의 나이테가 드러난다. 이태원

梨泰院은 한자만 보면 배가 큰 역이라는 뜻으로 보이지만 거기 배밭은 없다. 그것은 역사적으로 병자호란 때 오랑캐에 끌려갔다가 돌아온 여자와 그 오랑캐 자식들이 살았던, 즉 태가 다른 역異胎院이라는 뜻이 미화된 이름이고, 가을에 왕이 나가서 농부들의 공을 위로한 선농단(先農壇. 누에치기는 선잠단)은 오늘날 설렁탕의 유래가 된 말이다. 이때 수확한 곡식을 보관하는 창고 용도의 동네가 오늘날의 창동倉洞, 번(보초)을 서 이 창고를 지키는 병사들이 묵었던 동네가 번동番洞이다, 왕십리는 조선 창업, 무학대사와 연결된 곳이다. 한국 여기저기에 나타나는 지명인 평촌은 일본인들이 우리말 벌말(平村. 평야 마을)을 일본식으로 개명한 것이고, 탄천炭川은 내 바닥이 숯처럼 새카만 숯내이다. 일본인들이 수탈을 목적으로 전국의 지리 조사 및 도로 개량 시기에 그들 식으로 바꾼 이름엔 특히 넓다리廣橋, 널다리板橋, 벌말平村 등이 많다. 이태원, 인덕원, 퇴계원 등 이름 끝에 원院이 들어가는 이름은 과거에 파발마들이 묵었던 여관촌이었다. 중국에서는 객잔이 있는 마을. 중국어로 하면 참(站. 용문객잔처럼 '잔'으로 읽음)인데 이는 몽골 말 잠jam에서 온 것이라 한다. 새참, 밤참 등에 쓰이는 참도 여기서 온 말이다.

오늘날 한국 지명에 남아 있는 천, 산, 성, 포나 항, 주라는 것은 그 지역의 격이었다. 나주, 청주처럼 큰물이 있는 곳을 주州라 했고 지방관 중에 격이 높은 목사가 다스렸다. 다음이 큰 성이 있는 성城이고 그 아래가 개울 수준의 물이 있는 지방인 천川이나 산(山. 단, 부산은 원래 조선시대 지명이 富山이었다가 1469년 釜山으로 바뀌었는데 이때 산은 부산포와 관련된 지명. 釜山은 산이 가마솥 모양이라 그리 불렀는데 그 아래가 바로 부산포), 나루터를 끼면 마포처럼 포, 포항처럼 항구면 항이라고 불렀다. 예로 충남 홍성은 원래 홍주였는데 이름이 홍성으로 되면서 격하되었다고 보고 원래 지명을 찾으려는 주민들의 노력이 진행 중이다.

미국 지명은 한국 지명보다 더 흥미롭다. 역사가 짧고 영국, 프랑스, 스페인 등 상대적으로 많은 나라들이 점령했던 미국의 지역 이름엔 수많은 나라의 역사와 언어, 각 나라 왕 이름과 관련된 문화가 복잡하게 녹아 있다. 워싱턴, 뉴욕, 루이지애나, 할리우드, 조지아, 로키 등. 그중 하나만 예를 들면 한인이 많이 사는 로스앤젤레스는 1769년 에스파냐인이 인디언 집단 취락지에 도착하여 '천사의 도시'라는 뜻의 로스안헬레스라고 이름을 붙인 데서 유래했다. 로스앤젤레스가 속한 주인 캘리포니아는 스페인 소설에 나오는 금과 보석이 풍요한 상상의 섬에서 유래 또는 스페인어 캐르다포르낙스(뜨거운 난로) 유래로 이 지역의 날씨가 따뜻했기 때문이라고 전해진다.

이름이라는 그릇

이름은 해석의 그릇이다. 보통 한두 단어로 짧지만, 사람들은 이 짧은 단어 안에 주요 상징을 다 담으려고 애를 쓴다. 식별의 기능뿐만 아니라 기억과 해석의 고리가 되기 때문이다. 이름은 진(Djinn/Jinn/Genie. 아랍에서 전하는 초월적 존재. 로마 신화에 나오는 의인화된 정령 genius-복수형은 genii-의 영향을 받았다는 설이 있음. genius의 기원)이 나오는 마술 램프처럼 마력을 부리기도 한다. 방탄소년단, 블랙핑크, 돌고래 유괴단, 오징어 게임, 이상한 변호사 우영우, 흑백요리사 등 이름은 이미 마법이다. 기업에서 기업명과 브랜드명 슬로건, 로고 같은 시각적 요소 등을 정하는 CI, BI에 거액을 들여 이름을 짓는 이유다. 파타고니아, 고디바, 엔비디아, 나이키, 메르세데스 벤츠, 오리온, 디젤, 테슬라, 페이스북, 네이버, 카카오, 풀무원, 청정원, 젠틀 몬스터 등은 창업자의 의지나 세상에 대한 해석 등이 담긴 말이다. 인류는 지역, 동물이나 식물뿐만 아니라 심지어 별에도 이름을 지어 붙였다.

이름이 마음에 안 들거나 변화가 생기면 그래서 개명하거나 별명, 호나 자 등을 정해 부른다. 과거엔 이름에 신성성이 있다고 보았고 그 신성을 해치기 위해 마귀들이 침범할 것을 두려워하여 아주 이상한 이름을 붙이기도 했다. 어린아이 이름을 개똥이라고 지은 이유다. 이는 한국이나 몽골 부족들에서 나타난다. 고종의 아명도 개똥이였다. 참고로 이런 악령 기피 사고와는 별

개로 개똥이 어원은 따로 있음도 알아두자. 개똥이 이름은 '갯가'+'동洞'이다. 즉 '갯가 동네에 사는 사람'이라는 뜻이었다. 이것을 다르게 음차해서 표기한 이름이 길동洪吉童이다. 비슷한 사례로 '마를 캐는 사람'이라는 뜻의 이름 맛동도 전해지는 과정에서 말똥이로 변했다. 쇠똥이도 '쇠가 나는 동네 사는 사람'이라는 뜻이다. 이 어원설에 따르면 개똥벌레는 갯가에 사는 벌레다. 이런 어원설은 귀신을 피하려고 지은 하찮아 보이는 이름 개똥이와는 별개로 이해되어야 한다.

이상 여러 이름을 장르별로 알아보았는데 오늘날 남아 전하는 이름 중 그 원뜻이 잊혀진 채 쓰이는 경우가 많다. 그건 역사나 문화가 부분 망실되었다는 뜻이다. 아바타, 지니, 아수라, 야누스, 스프라이트, 우라늄 등은 각 나라의 신화에 유래한 것이고, 블록버스터, 블루투스, 파타곤, 한자어인 낭패/유예/교활 등은 전승 설화 그리고 버킷리스트는 영화, 검색사이트와 천공의 성 이름인 야후와 라퓨타는 〈걸리버 여행기〉에서 유래한 이름이다. 내가 강의에서 물어보면 이 뜻을 제대로 아는 이는 매우 드물었다. 이중 파타곤을 좀 더 알아보면 파타곤에서 확장한 이름이 유명한 파타고니아다. 파타고니아는 현재 남미 남부의 넓은 지역을 이르는 말이고 여기서 따온 미국의 아웃도어 회사 이름이기도 한데 원래 파타고니아는 '파타곤의 땅'이란 뜻이고 파타곤(원주민

말로 '거대한 발')은 과거 이 땅의 원주민인 테우엘체족에게 숭배받던 존재이며 2-3m 키의 거인이라고 한다. 포르투갈 출신 모험가인 마젤란은 그들 원주민 키 자체가 자신들보다 훨씬 컸다고 기록한다. 다른 이름들도 다 신비한 이력을 가지고 있다.

이처럼 간단하게 이름 뜻만 알아도 해석력이 좋아져 오래전 역사, 문화, 지향 등이 어느 정도 파악된다. 시간을 넘어 과거와 소통하는 것이다. 그러면 이름은 마법의 지니처럼 짠 나타나 그 비밀을 보여 준다. 이름엔 사물에 대한 인류의 오랜 해석 코드가 깊게 그리고 흥미롭게 담겨 있기 때문이다. 그 이름들을 알면 당신도 이야기 마법사가 될 수도!

32. 의인화 해석법

　부에노스아이레스에서 태어난 이탈리아계 작가 뀌도 미나 디 쏘스피로가 2004년 발표한 에코 픽션「나무 회상록」은 나무에 대한 내 상상력을 크게 바꿔 놓은 책이다. 이 책을 보기 전까지 내가 나무에 대해 생각하는 것은 주로 기능적인 것들이었다. 시원한 그늘을 만들고 해마다 열매를 만들어주며 약재가 되고 홍수를 막아주며 탄소를 빨아들여 산소를 배출하는 고마운 존재. 그 나무가 눈, 마음, 철학, 화학물질 분사 등 생명 능력이 있을 거라고 상상해 본 적은 없었다. 나무들이 뿌리를 통해 땅속의 수많은 생명과 교감할 것이라는 생각은 더더욱 한 적이 없다. 내 해석력은 거기까지가 한계였다. 그런데,

의인화의 마법

　나무 회상록 주인공은 수천 년 된 주목朱木이다. 주목은 사전을 보면, 고산 지대에서 자라고 높이 17m, 지름 1m에 달한다. 가지가 사방으로 퍼지고 큰 가지와 원대는 홍갈색이며 껍질이 얇게 띠 모양으로 벗겨진다. 잎은 줄 모양으로 나선상으로 달리지만 옆으로 뻗은 가지에서는 깃처럼 2줄로 배열하며, 길이 1.5~2.5mm, 너비는 2~3mm로 표면은 짙은 녹색이고 뒷면에 황록색 줄이 있다. 그러나 이런 기능적인 설명은 잊자. 기능을 넘는 지점부터 해석은 상상을 펴기 시작하니까.

　책에서 주목은 여성으로, 숲의 여왕이다. 이 여왕이 전하는 이야기는 인류 역사와 밀접하게 얽힌 우리 이야기다. 어린 시절의 주목은 벌레들과 사슴들과 이야기를 나누고, 어머니 나무가 생을 마쳤을 때는 30년간 애도에 잠긴 채 성장을 멈춘다. 떡갈나무들이 숲을 은밀히 침범해 들어오고 있다는 걸 알아채고는 숲의 여왕으로서 화학전을 써서 자신의 몸에서 만들어낸 독소로 침입자들을 물리친다. 여왕은 결국 탐욕스러운 인간의 도끼에 쓰러지나 땅속뿌리에서 다시 싹을 피워 부활한다. 이 책을 본 후 나는 집 앞에 있는 전나무, 뽕나무, 두충나무, 감나무, 살구나무들에서 보이는 것만 보지 않게 되었다. 보이지 않는 뿌리가 땅속에서 지렁이, 박테리아, 균사, 다른 나무의 뿌리들과 나누는 대화, 물을 찾아 뿌리를 내리는 고단한 여정, 그리고 밤이면 하늘에 별을 보면서 깜박이는 별과 나눴을 어떤 동경 등도 생각하게 되었다. 가을이면 무성하게 달린 열매를 마치 인간에게 시집 보내며 한숨 쉬는 나무 엄마 마음으로도 보게 되었다. 나무 회상록 해석 덕분에. 이것이 의인화擬人化. personification의 마법이다. 의인화는 단순히 서술 방식 중 하나가 아니라 세상을 해석하는 뉴 애니미즘 세계관에서 나온다.

털보 관장으로 알려진 이정모 관장이 쓴 「찬란한 멸종」도 의인화 형식으로 수십억 년 생명의 역사를 쓴 과학책이다. 해석 특이점은 '여섯 번째 멸종'인데 여섯 번째 멸종을 막기 위해 필름을 거꾸로 돌리듯 시간을 거꾸로 거슬러 올라가면서 다섯 번의 멸종을 회상한 지구 이야기다. 2150년 인공지능이 말하는 인류의 멸종부터 아스라이 먼 과거로 거꾸로 시간을 타고 올라가는데 화성 로봇, 범고래, 산호, 구석기인, 네안데르탈인 그리고 스밀로돈(거대 고양이. 1만 2천 년 전), 포트토수크스(2억 1,000만 년 전), 디메트로돈(2억 5,100만 년 전), 메가네우라(3억 년 전), 백상아리(4억 년 전), 삼엽충(5억 4,100만 년 전), 단세포에서 다세포로 변하는 미토콘드리아(10억 년 전), 그리고 마지막으로 달과 바다가 말하는 생명의 탄생(45억 년 전)을 다룬다. 의인화를 하니 그 대상들이 친구처럼 느껴진다. 프랑스 소설가 피에르 불 원작, 팀 버튼 감독의 〈혹성탈출〉(2001) 영화 시리즈를 본 독자라면 유인원APE들을 제인 구달이 「인간의 그늘에서」기술한 것처럼 사람 이름을 가진 침팬지 종족으로 가깝게 인식할 것이다. 스티븐 스필버그 감독이 만든 〈A.I〉(2001)에 나오는 로봇 소년 데이비드가 진짜 엄마를 갈망하는 것을 느낄 수도 있을 것이다. 그래서 영화가 끝나고 포스터에 나오는 문구 "His love is real. But he is not."이 가슴에 깊이 남는다. 가즈오 이시구로가 쓴 「클라라와 태양」에 나오는 소녀 로봇 클라라에 대한 감정 이입도 이런 류의 의인화가 만든 마법 효과다. 사실 좀 과감하게 말하자면 휴머노이드 로봇 자체가 캐나다 미디어학자 마셜 매클루언이 해석한 '인간의 확장'을 넘어 '기술의 의인화' 시도라고 할 수 있다.

이런 의인화의 끝은 늘 찡한 감동이다. 코카콜라 광고 문구를 빌리자면 'Real Magic!' 신성한 감정인 감동 대신 표피가 얇은 감정인 감탄만 남은 지금 시대에 특히 소환할 소중한 유산이 바로 의인화다.

몇 년 전에 건국대 근처에 있는 어린이대공원을 간 적이 있다. 숲 전문가인 이강오 원장이 동물원과 큰 나무들이 있는 숲을 구경시켜 줬다. 동물원의 악어 칸에 갔는데 악어는 납작 흙색으로 붙어서 거동도 안 했다. 순간 뭔지 모를 죄스러움이 밀려왔다. 그 앞에 푯말이 붙어 있는데 악어 설명 글로 네이버 백과에 있는 내용과 거의 동일했다.

"악어의 삶이 너무 비참하네요."

"인간의 죄죠. 그렇다고 애들을 다 돌려보낼 수도 없고. 그래서 요즘 동물원은 동행이라고 동물의 행복, 동물과 인간이 같이 가는 쪽으로 운영 방침을 변화시키는 중입니다."

"동행은 인간 중심 관점인 듯싶네요."

"그래도 예전보다 크게 좋아진 겁니다."

"원장님, 여기 악어들을 '자연이 인간에게 보낸 홍보대사'로 설정해 보면 어떨까요? 그럼, 쟤들이 각자 인간에게 해줄 말이 있을 겁니다. 저 악어는 이렇게 말하는 거죠. '안녕, 난 으악이야. 우리는 트라이아스기부터 살았으니, 너네보다 한참 조상이지. 에헴. 우리는 수억 년 동안 거의 진화하지 않았어. 왜냐고? 완벽하니까. 우린 물과 땅에서 살아. 그래서 양서류지. 수륙양용차 같은. 크크. 너네도 두 세계를 살아봐.' 이런 안내판이 붙는 거죠. 저기 큰 나무들도 각자 자기들 이야기를 하고요."

"오, 좋은데요. 해볼게요."

의인화 대상은 가까운 곳에 있다. 손안에 애지중지 갤럭시나 애플 워치 등을 대상으로 해도 좋다. 내비게이션은 "오빠"라고 말하는 여동생 내비부터 남성 내비 아저씨까지 기계인 그들 안에 의인화가 적용된 것이다. 이는 사실 고대인들 애니미즘의 소통 방법이다. 도깨비도 마당 한구석에 있던 빗자루나 삽 같은 것이 생명체로 해석된 산물이다. 달걀귀신, 구미호, 목신, 이매망량 등도 다 의인화=애니미즘 결과고. 이 애니미즘이 근세와 현대에 비합리적 미신으로 폄하되었다가 최근 환경 운동에 맞춰 다시 주목받고 있다. 자연과 영이 통하는데 인간이 함부로 할 수가 없는 것이다. 우주론적 근거도 있다. 먼 우주 어디선가는 생명에 대한 관점이 지구와는 아주 다를 거라는 이론이다. 거기서는 박테리아나 개미, 돌이 별의 주인공이 될 수도 있다. 뻥이라고? 그렇다면 제95회 아카데미 시상식에서 7개 부문을 석권한 양자경 주연 SF 영화 〈에브리씽 에브리웨어 올 앳 원스〉(2022)에 나오는 모녀 돌은 뭘까?

33.   신들의 지구

요즘 내가 2년간 새로 공부한 신화로 해석 이야기를 풀어보려 하는데 일단 여러분에게 물어본다. 너무도 약해 자연이 무서웠던 인류가 만든 산물 중에 수천 년 동안 가장 영향력이 컸던 것은 무엇이었을까? 불은 아니다. 그건 인간이 만든 게 아니라 자연에서 만들어진 것이었다. 따라서 4원소나 5원소도 아니다. 사랑? 그것은 아주 후대에 만들어진 감정이다. 지식? 지식은 그런데 이것에 포함된다. 여러모로 따져도 나는 단연코 '신神. God'이라고 생각한다.

"나는 다시 출발점으로 돌아가 상상 속의 질서와 지배적 구조를 창조해 내는 인류의 독특한 능력을 재검토해야겠다는 생각이 들었다."

이는 유발 하라리 히브리대 역사학과 교수가 「사피엔스」 출간 10주년 특별판 서문 중 일부다. 그런데 이 글을 쓴 건 그가 아니라 생성형 AI 챗GPT-3이다. 하라리는 이 글을 보고 "충격으로 입을 다물지 못했다." 하는데(2024.1.1. 한국경제 기사 인용) 이 현상은 이미 오래전에 벌어졌다. 인간과 신의 관계에서다. 역사를 보면 인간은 신을 만들고 신은 인간을 만들었다. 그리고 지금은 인공지능AI을 만듦으로써 호모 데우스가 되려고 하고 있다.

그 시작은 전지전능과 시원始原의 힘, 선과 악 그리고 고통에 대한 해석, 즉 신화 만들기였다. 자연 현상과 인간 세계, 우주 근원에 있는 존재를 신이라고 해석함으로써 인류는 많은 것을 그 신에게 의지해왔다. 인간은 신에게 수많은 것들의 해석을 물었는데 그걸 신탁神託이라 한다. 신 혹은 신적인 존재가 인간에게 자신의 의지와 경고를 전하거나 특정 인간의 운명 등을 예언해 주는 것, 혹은 특정 의식을 통해 인간이 해결하기 힘든 과업에 대한 정보를 신 혹은 신적 존재로부터 묻는 행위로 서양권 언어로 으라클Oracle이라고 한다. 오라클은 신탁 혹은 신탁을 전하는 사제를 뜻한다. 고대 그리스인과 로마인은 오라클을 찾아와 공공정책과 사적인 일을 상담했다. 여사제 피티아(무녀. 영화 〈300〉에도 등장)는 돈을 받고 공개 오라클을 하기도 했는데 그녀의 광기 어린 예언은 애매하기로 악명이 높았다. 고대의 합리주의자인 소크라테스도 신탁을 받았다. "고대 오라클은 내가 그리스에서 가장 현명하다 하였다. 그것은, 모든 그리스인 중 나만이, 내가 아무것도 모른다는 사실을 알기 때문이다." 기업에서 비전 & 미션^{mission}이란 말로 흔히 쓰이는 미션도 애초 '파견'을 뜻하는 말인데 점차 신에 대한 사명을 뜻하게 되었다.

오늘날도 전 세계 사람들은 점을 치며 신의 뜻을 묻는다. 이는 고대로부터 내려온 해석 방식인 것이다. 신은 종교, 권력, 예술, 문화, 치유 등 영역에서 수천 년 동안 많은 일을 해왔다. 물론 인간은 신에 기대 민족을 가르는 수많은 종교 전쟁도 치렀고 우상 숭배, 오컬트의 우행도 저질렀다. 신의 이름으로. 그것은 그만큼 신이 대중에 미치는 영향이 컸기 때문이다. 19세기가 되자 급기야 "신은 죽었다"라고 선포했지만 글쎄, 정말일까?

어린 왕자와 보아뱀

다음은 소설 「어린 왕자」에 나오는 초기 대목이다.

나는 내가 그린 그림 1호(얼핏 모자 같은 그림인데 저자는 이 안에 코끼리가 들어 있음을 표현한 것임)를 어른들에게 보여 주면서 물었다.

"이 그림 무섭죠?"

그러자 어른이 대답했다.

"모자가 뭐가 무섭다는 거니?"
내가 그린 그림은 모자가 아니다. 그것은 코끼리를 소화시키고 있는 보아뱀을 그린 것이다. 그래서 나는 어른들이 알아볼 수 있도록 보아 뱀의 뱃속에서 소화되고 있는 코끼리를 그렸다. 어른들은 언제나 설명을 해주어야 한다. 나의 그림 2호는 이러했다.
그러자 어른들은 다음과 같은 충고를 하곤 했다.
"속이 보이거나 보이지 않는 뱀 따위의 그림은 집어치우고, 차라리 지리, 역사, 산수 그리고 문법을 공부하렴."

어린 생텍쥐페리는 어른들에게 실망해 화가를 포기하고 비행조종사가 되었다가 사막에 불시착한 후 어린 왕자를 만난다. 어디선가 신비롭게 나타난 별나라 어린 왕자는 뜬금없이 저자에게 양을 한 마리 그려 달라고 한다. 저자는 이젠 그림을 그릴 줄 모르므로 어렸을 때 그렸던 모자(그림 1호)를 보여줬다.

그러자 그 아이는 그 그림이 마음에 들지 않았는지 보채기 시작했다.
"아냐, 아냐. 보아뱀 속의 코끼리는 싫어. 보아뱀은 아주 위험해. 그리고 코끼리는 너무 커서 자리를 많이 차지해."

어린 왕자는 어른들에게는 모자로 보이는 그 그림이 보아뱀이며 그 안에 코끼리가 있음을 금세 알아챘다. 어른들은 그럴 능력을 잃어버렸다. 그들은 보이지 않는 코끼리처럼 보이지 않는 신도 머릿속에서 지워 버렸다. 대신 돈, 집, 물건 같은 우상을 그 자리로 모셨다.

반면 고대인들은 오늘날 보기엔 모자 같은 상상을 했다. 바다 조개에서 태어난 아프로디테, 백조 선녀, 우렁각시, 베오울프, 요정 등이 그 모자에서 나왔다. 그들은 지금 디즈니, 픽사, 지브리오 스튜디오 같은 이미지 산업을 통해 판타지로 애니메이션으로 변했다.

니벨룽의 반지, 엘 콘도르 파사, 엘핀 나이트

천지창조, 인류 탄생 등 이야기를 다룬 큰 이야기인 신화 아래엔 전설이 있다. 인간들이 세상을 해석한 각종 신이한 이야기를 전한 것이다. '트리스탄과 이졸데', '로엔그린', '탄호이저', '니벨룽의 반지' 등 리하르트 바그너의 악극은 대부분 북구 혹은 게르만 신화나 전승 이야기를 소재로 한 것들이다. 그래서 독일에서는 바그너가 베토벤보다도 더 독일적인 작곡가로 사랑과 존경을 받는다. 그 신화를 모르면 바그너 작품을 이해할 수 없다. 사이먼 & 가펑클이 불러서 세계적으로 히트한 노래인 '엘 콘도르 파사'(1970. 원래는 잉카의 전통음악을 기반으로 다니엘 알로미아 로블레스가 1913년에 발표한 민중가요), '스카버러 페어' 노래 등은 각각 페루의 전쟁 영웅이 죽어서 콘도르로 다시 태어나 하늘을 날아간다는 전설, 영국의 스카버러 시장(중세 말 요크셔 지방의 중요한 교역장. 8월 15일에 어릿광대나 마술사가 모여들어 45일간의 거대한 시장이 시작)에 떠도는 설화인 '엘핀 나이트'를 소재로 한 노래다. "Parsley, sage, rosemary and thyme"의 후렴구는 상징적 의미로 가득 차 있다. 파슬리는 중세 의사가 영적인 의미로도 파악했고, 세이지는 몇천 년에 달하는 내구력의 상징, 로즈마리는 정절, 사랑, 추억을 나타내며 현재에도 영국이나 다른 유럽의 국가에서는 신부 머리에 로즈마리의 작은 가지를 꽂는 관습이 있다. 백리향은 용기의 상징이며, 노래가 지어진 시대의 기사들은 싸우러 갈 때마다 방패에 백리향 모양을 새겼다. 노래에서의 남녀 화자는, 4종의 허브로 온화함, 참을성, 정절, 불가능한 일을 해내는 모순된 용기를 지닌 진정한 연인이 될 때 그의 곁에 다시 돌아온다는 것을 희구한다. 디즈니 애니메이션인 〈포카혼타스〉에 나오는 OST '바람의 빛깔'은 신화의 기본 사상인 애니미즘과 토테미즘을 배경으로 한 것이다.

가수 심수봉의 번안곡으로 잘 알려진 '백만 송이 장미'의 원래 곡은 뜻밖에도 라트비아 가요로 '마라가 준 인생 dāvāja Māriņa'이다. 마라는 라트비아 신화에 나오는 지모신 mother goddess이다. 수메르 신화의 이난나, 페르시아의 아나히타, 인도의 아리제모, 그리스 신화의 가이아와 데메테르, 중국 신화의 여와 등도 고대의 지모신이다. 라트비아를 지켜주던 지모신 마라가 소련의 검열을 피해 소녀의 엄마로 소환된 건데 그 엄마는 소녀에게 생명은 주었지만, 행복을 주는 것을 잊었음(라트비아가 소련에 지배받는 암울한 현실. 한국으로 치면 이상화의 '빼앗긴 들에도 봄은 오는가'와 유사)을 원망의 감정으로 은유한 노래다.

이 외에도 신화와 현대의 접목은 수많은 사례가 전해지고 있다. 제주도엔 1만 8천 토속신이 있고 일본은 8백만 신, 신들의 나라인 네팔은 인구보다 많은 3억 신을 모신다. 어린이들은 여전히 반지의 제왕 사우론과 싸우는 호빗족 영웅 프로도이며, 어른은 은색의 마법사 간달프이기를 바라고 있다. 성경 다음으로 많이 팔렸을 「해리포터 이야기」의 주인공 해리포터는 '용서받지 못하는 저주들'에도 살아나고 죽음의 성물을 이겨내며 진지한 성장을 이뤄 어른이 된 이들도 열광시킨다. 어른들은 바로 그 죽음을 뚫고 온 사람들이며 지금 그런 죽음을 수시로 겪으니까. 게임을 영화화한 〈던전과 드래곤: 도적의 명예〉, 구아진의 귀신 웹툰 〈미래의 골동품 가게〉, 2천만 관객을 동원한 〈신과 함께 1. 2편〉, 〈구미호뎐〉, 〈라스트 위치 헌터〉, 〈헨젤과 그레텔: 마녀 사냥꾼〉 등도 신화적 소재(신, 악마, 귀신, 상상 동물, 마법사 등)를 끌어와 성공한 작품 예들이다. 내가 일부만 가져와 마치 이게 콘텐츠의 다수인 것처럼 말하는 것 같지만 실제로 영화나 소설, 웹툰을 보라. 10편 중 두세 편 이상은 이런 신화 테마다. 이들을 단순히 판타지로 보면 그냥 허상이 되지만, 이를 인류가 보여 준 또 하나의 해석법으로 본다면 당신도 고대와 현대를 잇는 '시간 커넥터'의 뇌를 가지게 될 것이다.

34. 시간 해석자

　인간만 해석하는 것은 아니다. 시간도 해석한다. 비생명인 시간이 해석한다는 것은 일종의 은유다. 그러나 우주에 생명만 존재하는 것은 아니다. 우리가 생명과 비생명을 가른 것은 인간 기준일 뿐이다. 원래는 그냥 존재하는 것들이고 서로 영향을 미치는 것들이다. 인간의 몸 구성을 보면 마그네슘, 칼슘 등이 필수다. 이들은 비생명이나 인간 생명에 절대적인 영향을 미친다. 그리고 대개는 생명이 아닌 것이 생명에 더 큰 영향을 미친다. 존재를 연결하고 연결을 파괴하고 왜곡하는 시간이 그중에 하나이다.

　과거엔 아닌데 지금은 통하고, 지금은 통하는데 시간이 어느 정도 지나면 통하지 않는 것들이 많다. 시간에 따라 해석이 달라지는데 이것은 인간 탓인가, 시간 마법인가? 어쨌든 이런 시간이 부리는 마법에 인간은 울고 웃는다. 내가 과거에 실수한 것이 '시간이 그때 오판을 해서 그런 것'이라고 생각해 보자. 그럼 우리는 좀 더 마음이 편해질 수 있다. 내 탓만은 아니니까. 시간은 인간을 넘은 해석자다. 인간은 거기에 넘어가 삶을 그르치기도 한다. 조금만 참아도 오답이 정답이 되고, 악이 선이 되기도 하기 때문이다. 삶은 원래부터 실체가 없기에 시간의 마법은 늘 잘 통한다. 그래서 시간은 현자를 통해서 이런 위대한 해석을 내놓았다.

이 또한 지나가리라 This, too, shall pass away —출처 다수

나는 때를 놓쳤고, 그래서 지금은 시간이 나를 낭비하고 있는 거지. —윌리엄 셰익스피어

물리학을 믿는 나와 같은 사람들은 과거, 현재, 미래의 구별이란 단지 고질적인 환상일 뿐이란 사실을 알고 있다.
—알버트 아인슈타인

시간에 대한 느긋한 태도는 본질적으로 풍요의 한 형태이다.
—보니 프리드먼

프랑스의 위대한 육군원수 리요테는 어느 날 정원사에게 나

무를 한그루 심으라고 했다. 정원사는 그 나무는 성장이 더뎌서 다 자라려면 100년은 걸린다며 반대했다. 리요테는 이렇게 대답했다. '그렇다면 지체할 시간이 없네. 오늘 오후에 당장 심게!'—존 F. 케네디

선과 악, 그 어리석음

2024년 미국 대선에서 트럼프가 재선에 성공했다. 푸틴이 신났다. 청교도의 후손들이 세운 이주민 나라인 미국의 개신교들은 이번 선거가 "민주당과 공화당의 대결이 아니라 선과 악의 대결"이라고 선전했다. 낙태, 이주민, 가상화폐, 네타냐후의 전쟁을 지지하는 민주당이 악이라는 것이다. 웃긴다. 32건이나 기소를 당하고 의회 습격을 지시하고 이주민을 무자비하게 추방하는 트럼프가 그렇다면 선의 축이란 말인가? 공화당 그들은 성경을 근거로 선과 악 개념을 늘 이용해 왔다. 성경에 없거나 금하는 것은 악이다. 그렇다면 그들은 향후엔 저학력 서민들 일자리를 뺏는 AI도 악으로 봐야 할 것이다. AI는 인간이 만든 신성 파괴적 지능이기 때문이다. 누가 악이고 누가 선인가? 과거엔 선이었던 것이 시간이 흘러 어느덧 악이 된다.

미국에서 현재 뜨거운 감자가 된 이주민 문제는 그런 변화를 확실히 보여 준다. 미국은 이주민의 나라다. 필그림과 건국, 서부

개척 시기, 1차 그리고 2차 대전 때 대규모로 이주가 이루어졌다. 2차 대전 시기에는 특히 유대인들이 박해를 피해 대거 미국으로 이주해 왔다. 유대인들에게 미국은 또 하나의 예루살렘이 되어버렸다. 이주민들은 그들이 가진 재능과 열정 그리고 개척 정신을 그 나라에 바쳤다. 미국을 부강하고 지적이며 구세계에서 자유로운 나라로 만들어 AD 전후 로마의 드림 이후 1800년 만에 신세계-아메리칸드림을 세계에 전파했다. 아프리카 흑인들, 아시아인들, 아일랜드, 스코틀랜드, 폴란드, 남미, 독일 등 전 세계 국가들에서 그들 나라로 사람과 문화가 쏠렸다. 트럼프 일당 주장과 달리, 그들은 그 나라에 기생한 것이 아니다. 그들 발전의 핵심 축이었다. 미국은 그만큼 전 세계 문화와 DNA에 빚진 나라다. 그 결과 미국의 3대 자산이었던 기축 통화로서의 달러, 영어 그리고 개방 정신이 만들어졌다. 그런 그들이 이제 개방을 포기하고 이주민을 불법으로 규정하고 규제와 추방 정책을 추종한다. 트럼프 조폭 정부와 일자리에 죽고 사는 서민층 그리고 티파티 세력 등이 특히 그렇다. 트럼프는 천한 악당이지만 미국인의 속마음을 정확하게 짚어 재집권에 성공했다. 트럼프를 찍은 미국인들은 선의 귀환(?)으로 우길지 모르나 아메리칸드림을 여전히 믿는 세계인들에게 현재 미국은 가치의 배신자고 타락한 강대국으로 각인될 것이다. 히틀러와 나치를 지지했던 독일인의 우매함이 데자뷰로 떠오른다. 특히나 기후 위기 시대에 미국은 배덕의 나라이다.

"E.S.G의 S는 사탄의 초성일 것"이라고 날렸던 악당 일론 머스크가 트럼프의 'First Buddy'(《더 이코노미스트》 표현)로 불린다. 민주주의 가치를 단 세 단어로 천명한 대통령 중의 대통령 링컨, 기업 경영의 목표는 고객의 가치 창조라고 말한 경영 현자 피터 드러커, 세상을 바꾸겠다고 천명한 실리콘밸리 스타 스티브 잡스, 비즈니스 이유는 지구를 구하는 것이라고 한 기후 영웅 이본 쉬나드 회장의 꿈이 트럼프의 검은 바다에 가라앉았다. 이주민 나라 국민은 돌아올 수 없는 파멸의 강을 건넜다. 모세가 십계명을 들으러 시나이산으로 올라갔던 그 시기, 황금 송아지 우상을 섬기고 이집트 노예 시절과 악을 찬미하던 그 어리석은 유대인과 닮아간다.

아, 그런데 이런 타락은 결국 시간이 만든 것이다. 몇백 년 시간이 지나면서 이주민도 성격이 바뀌었고 미국인도 지향이 바뀌었다. 나는 생각을 고쳐먹기로 했다. '그래, 이건 트럼프 탓은 아니야. 시간의 탓이야.' 시간은 자유의 여신 몸체 색깔도 변화시키고 부식하게 했다. 미국은 쥬라기 월드 말기에 접어들었다. 트럼프는 백악기 공룡일 것이다. 이처럼 시간은 쇠처럼 세운 가치를 깎아 먹어 얇게 만드니 결국 시간이 미국인을 어리석게 만들었다.

시간의 마법

　시간은 심술쟁이지만 훌륭한 조력자이기도 하다. 어리석은 자와 지혜로운 자의 차이는 이 시간을 얼마나 활용하느냐 아니냐의 차이다. 시간에는 축적 효과가 있다. 일정 시간이 지나야만 변화가 온다는 것으로 서울공대 26인이 쓴 책 「축적의 시간」은 시간이 쌓여야 기술도 쌓인다는 이야기다. 이것은 물리적인 시간이다.

　반면 심리적인 시간도 있다. 현자는 시간의 해석 머리를 다르게 쓴다. 시간은 상대적이다. 불면의 6시간은 너무 길고 숙면의 6시간은 너무 짧다. 그러나 생각하기에 따라 그것은 심리적으로 달라진다. 미국에서 건축 기술이 좋아지고 인구가 늘면서 고층 빌딩 건설이 증가하기 시작했다. 1853년 최초로 엘리베이터를 승객용으로 개발한 오티스사는 큰 수익을 올렸다. 당연히 지금 기준으로 보면 조악한 수준이었다. 고객들 불만도 생겼다. 그중 하나가 엘리베이터 속도였다. 이 개선은 쉽지 않은 문제였다. 그런데 회사는 이상한 곳을 하나 발견했다. 여러 건물 중 오직 한 건물에서는 불만이 없던 것이다. 직원들이 그 건물을 방문해서 이유를 알아봤다. 건물 관리자는 "우리 주민들도 처음에는 불만이 많았는데 내가 엘리베이터 안에 거울을 붙인 후 주민들 불만이 사라졌지요."라고 했다. 탑승객들이 거울을 보느라 엘리베이터 속도에 관심을 덜 기울인 탓이다. (출처. 「이노베이션의 요소」, 「통찰의 기술」)

　이것은 거울의 세렌디피티 사례면서 한편으로는 그리스 신화에 나오는 두 개의 시간, 즉 '크로노스의 시간(물리적 시간)'을 '카이로스의 시간(심리적 시간)'으로 멋지게 전환 해석한 예이다. 고은 시인의 단 두 줄 시 "내려올 때 보았네. 올라갈 때 못 본 그 꽃"도 역시 시간의 해석력을 말한다. 보통은 올라갈 때와 내려올 때 행위 변화를 읊은 시라고 해석하는데 나는 시간이 지나면서 시인의 마음이 상승(목표 지향)에서 하강(목표 상실)으로 변했기 때문이라고 본다.

시간은 째깍째깍 초/분/시로 돌아가는 그 시계 속의 개념 하나뿐일까? '일각여삼추'(一刻如三秋. 일각이 삼 년처럼 여겨지도록 간절히 기다리는 마음)라는 말이 있듯이 인간은 물리적 존재가 아니라 심리적 존재이며 해석의 존재임을 다시 상기하자. 고대 그리스인들은 운명의 여신(모이라)을 셋으로 나눠 분업화한(운명의 실을 짜고/감고/자르는) 것처럼 시간 개념도 네 개로 나누고 신격화했다. 아래 소개하는 크로노스, 아이온, 카이로스, 포르투나가 그들이다. 오늘날 시간에 가장 직접적인 신으로는 주로 크로노스와 카이로스를 거론하지만, 아이온과 포르투나도 영원, 순환, 행운 등으로 시간에 직간접적으로 관여한다.

1. 크로노스^{Chronos}: 그리스 신화와 소크라테스 이전의 그리스 철학에서 시간을 의미하는 단어로 그 이름 자체가 '시간'이란 뜻이며 그리스 태초 신 중의 하나이다. 우라노스를 잇는 티탄 크

로노스(Kronos, 제우스 아버지이자 가이아 자식 겸 남편)와 다른 신이다. K와 C를 조심. 보통은 무형의 신으로 묘사되나, 형태가 있는 경우 긴 수염의 늙은 현자로 묘사된다. 영어 'chronicle', 'chronology' 어원.

2. 카이로스: '적절한 기회'를 뜻하는 'Kairos'에서 형성된 개념 신. 순간적으로 주어지는 기회, 운명적인 전환에 유리한 순간을 의미한다. 제우스와 행운의 여신 티케(로마 신화의 포르투나) 아들로 나타난다. 앞머리는 숱이 무성하고, 뒷머리는 완전한 대머리이며 양발 뒤꿈치에는 날개가 달려있다. 한 손에는 저울을, 다른 한 손에는 날카로운 칼을 들고 있다. 앞머리가 무성한 이유는 사람들이 금방 알아차리지 못하도록 함과 동시에 알면 쉽게 붙잡을 수 있도록 하는 이중적 의도고, 뒷머리가 대머리인 이유는 지나고 나면 다시는 붙잡지 못하도록 하기 위함이며, 발에 날개가 달린 이유는 최대한 빨리 사라지려는 것이다. '적시와 계량의 신'으로 적절한 시간이나, 기회가 왔을 때 그것을 깨닫게 해준다.

3. 아이온^{Aion}: 그리스어로 '영원'이며 '영원하며 동시에 고갈되지 않은 창조성'이라는 의미가 있다. 그보다 먼저 태어난 크로노스가 시간의 의인화라면 아이온은 황도대, 별자리와 관계가 있다. 속성은 영원성, 창조성, 생명성이고 탄생과 윤회로 다시 태어나는 영원한 순환시간, 심오한 의미의 '생애'이다. 날개 없이 벌거

벗은 몸, 자신 꼬리를 먹는 뱀 우로보로스, 구형 물체가 자신을 싸고 있는 형상 등으로 순환을 상징화했다. 같은 성격의 여신 아이테르니타스와 결혼하여 둘은 불사조로 로마 주화에 각인되었다. 아이테르니타스는 신격화된 황제의 미덕으로서 율리오-클라우디아 시대부터 세베란 시대까지 로마에서 공식 숭배를 했다. '에테르니타스 임페리'Aeternitas Imperii'로도 나타나는데, 라틴어 임페리움(명령, 힘)은 영어 단어 '엠파이어'가 된다. 후에 크로노스와 융합되어 사자머리 신으로 바뀌었다.

이 세 개의 시간이 시간으로서는 중요한 개념인데 조금 다르지만, 행운도 그것이 찾아오는 어떤 시간이나 계기라는 뜻에서 네 번째 시간 개념으로 볼 수 있다. 이 여신이 사실 오늘날에도 가장 인기 있는 여신이다. 바로 포르투나다.

4. 포르투나 Fortuna: 로마 신화 여신. 영단어 Fortune의 어원. 이와 대응하는 그리스 신은 행운과 번영의 여신 티케이며, 헤시오도스의 「신통기」에 등장한다. 처음에는 행운의 여신이었지만 세월이 갈수록 '변덕스러운 운명의 여신' 이미지가 강해졌다. 유럽 중세 작품들에서는 운명의 바퀴(라틴어. Rota Fortunae. 타로카드엔 '휠 오브 포츈')를 맡아 사람의 운명을 결정한다. 바퀴 중앙에 앉아 있거나 바퀴 밖에 있는 상태에서 바퀴 테두리에 매달려 굴러가는 인간

들의 모습을 보거나 아예 바퀴를 굴려주는 모습으로 묘사된다. 그녀의 바퀴 테두리에 매달린 사람들은 변덕스러운 운명에 의해 신세가 바뀌는 이들, 혹은 인생의 절정에 달한 황금기와 완전한 몰락을 포함한 인간의 일대기를 묘사한 경우가 많다. 그녀는 운명을 조종하기 위한 키를 가지고 있으며, 운명이 정해지지 않은 것을 상징하는 불안정한 구체에 타고, 행운이 도망치기 쉬움을 상징하는 날개가 난 구두를 신고, 행복이 가득 찰 리가 없음을 의미하는 밑 빠진 항아리를 가지고 있다. 기회는 나중에 잡을 수 없다는 것을 나타내기 위해 아들 카이로스처럼 뒷 머리카락이 없고 앞 머리카락밖에 없다고 여겨지고 있었으나 최근에는 머리카락을 앞으로 묶은 이미지로 변했다. 눈을 감은 채 나오는 때도 있다.

시간 속 존재인 인간에게 행복이든 불행이든 남는 건 '이 또한 지나가는' 시간의 그림자뿐!

35. 이것이 모든 것을 바꾼다

이제 이 책은 종반부를 향해 가고 있다. 우리는 여기까지 다양한 해석의 종류와 의미, 기회를 봤다. 이제 우리는 좀 더 큰 미래 주제로 눈을 돌려야겠다. 어쩌면 해석의 최종 결정권자인 기후 이야기다. 지금 시대에 이 주제를 빼놓는다는 것은 죄다. AI는 편리함의 문제이지만 이것은 먹사니즘의 핵심이다. 기후는 기술과 입법의 문제이지만 결국 해석의 문제에서 출발한다. 그를 다르게 해석하는 일차원 인간들이 많아서 해석의 중요성은 특히 더 커진다. 다음 비유를 보자.

아주 큰 연못이 있다. 그 연못에 연꽃이 하나 핀 후 매일 두 배 속도로 늘어난다. 연꽃이 연못의 반을 채우는 데 29일이 걸린다. 그렇다면 그 연못이 연꽃으로 다 채워지는 데는 며칠이 더 걸릴까?

주로 기후 위기의 심각성, 지구 생명의 여섯 번째 멸절이 얼마 남지 않았음을 깨닫게 할 때 쓰는 질문이다. 29라는 숫자에만 현혹되지 않으면 당연히 답은 '하루'다. 실제로 최근 200년 사이에 지구 인구가 늘어난 지구 시계에서 남은 시간을 보면 이것이 과장이 아님을 알 수 있다. 하루가 짧다고? 그런데 지구 47억 년을 24시 시계로 치환한 것에서는 여섯 번째 생명 멸절까지 이제 남은 시간은 겨우 몇 초로 나타난다.

ESG와 기후 테크

빙하가 급격히 줄고 해빙이 사라져 북극곰 서식처도 사라지고 전 세계 해수면이 높아지고 있다. 종전에는 보기 힘들었던 규모와 기간의 산불, 홍수, 가뭄 사례가 속출하며 특히 수억 명의 기후 약자들이 큰 고통을 겪고 있다. 이런 현상을 같이 보면서도 이에 대한 사람들의 반응은 각자 다르다.

"그래서 어쩌라고?"
"내가 한 게 아니야. 이걸 싼 놈들이 해결해야지."

"내가 뭘 할 수 있겠어."

심지어 이런 해석도 한다.

"그거 생태학자들과 유럽 놈들 프레임이야. 뭔가 음모가 있는 거지."
"과거에도 이런 적 여러 번 있었어. 지구는 자정 능력이 있다고."

한국은 화력 발전을 늘린 탓으로 탄소 악당 국가 악명을 뒤집어썼고 몇 대기업은 유럽 연기금 단체로부터 경고도 받았다. 아직도 기업이나 소비자들은 일회용 플라스틱만 안 쓰면 기후 문제가 해결되고 면죄부를 받는다고 착각하는 이들이 많다. 그건 문제의 본질이 아니다. 기후 온난화 요인 중에 일회용 플라스틱 비중은 매우 낮다.

그래서 기업의 제반 활동으로 'ESG 강화'와 '기후 테크'가 대안으로 떠오르고 있다. 기후 테크$^{C\text{-}tech}$는 탄소 배출을 줄이기 위한 혁신 기술을 말한다. 한국의 '2050 탄소중립녹색성장위원회'에서는 유형을 ▲클린테크 ▲에코테크 ▲푸드테크 ▲지오테크 ▲카본테크 총 5개로 분류했다. 테크가 붙은 이유는 기후 문제를 위기면서 기회로 보겠다는 전략 때문이다. 글로벌 기후 테크 시장을 선점하기 위해 전 세계에서 치열한 경쟁이 벌어지고 있다고 한다. 기후 문제의 원죄가 가장 큰 나라인 미국은-트럼프 같은 기후 악당은 관심이 없지만- 기업 주도로 기후 테크의 선두에서 에너지 절감 플랫폼, 자원순환 플랫폼, 대체육 개발 등 다양한 분야에서 활약하고 있다. 미국의 클린 테크 기업 중 하나인 오파워OPOWER는 고객의 전력 사용량 빅데이터를 분석해 에너지 사용량 도출을 통해 고객의 전력 사용 절감을 돕는 플랫폼을 제공한다. 지금까지 6,000만 명에 이르는 가입자의 데이터를 분석해 총 32테라와트시TWh의 전력을 절감할 수 있게 했다. 비용으로는 4,750억 원, 280만 톤의 이산화탄소를 절감했다.

기후 테크 산업 규모는 빠르게 성장하고 있다. 국제에너지기구IEA에 따르면 2016년 169억 달러이던 기후 테크 산업 규모가 2032년에는 1,480억 달러까지 커질 것으로 전망한다. 이와 함께 기후 테크 투자 금액도 급증하는 추세다. 시장조사업체 피치북에 따르면 기후 테크 투자 금액은 2019년 149억 달러에서 2020년 221억 달러, 2021년 448억 달러까지 늘었다.

소비의 무기화

이 문제와 관련해서 소비자들은 '소비에 대한 해석'을 바꿔야 한다. MIT 정보경제학 교수인 앤드루 맥아피는 '낙관주의의 네

기수^{騎手}' 론을 피력한다. ▲기술 발전, ▲자본주의, ▲반응하는 정부 그리고 ▲대중의 인식이 그 네 기수다. 이들이 합쳐지면 국가는 인간의 조건과 자연의 상태를 둘 다 개선할 수 있다고 한다. 그런데 우리는 유권자이니 반응하는 정부에 영향을 미칠 수 있고 정부가 중시하는 기업 자본주의와 기술 발전에 소비를 통해서 찬성 반대를 표시할 수 있다. 그럼, 기술 발전도 달라진다. 위 네 기수를 움직이는 것은 결국 마지막인 대중의 인식과 실천인데 그를 우리에게 친숙한 용어로 하면 '소비의 무기화'이다.

소비는 과거엔 경멸을 담은 용어였지만 앞으로는 달라질 수 있다. 소비가 강력한 제어 수단이 되는 이유는 현재 이산화탄소 배출의 주범은 에너지 산업과 그 에너지를 뿜뿜 써대는 기업이기 때문이다. 이산화탄소 배출 비중은 에너지 산업 25%〉 농업 24%〉 산업 20%〉 교통 14%〉 건축 6% 〉 그 외 13% 순이다. 기업은 자신 외 에너지 발생, 농업, 교통 등 활동과 밀접히 연결되어 있어 연관 비중은 단연 1위다. 기업의 사냥 목표는 늘 소비자다. 소비자가 바뀌면 기업도 바뀐다. 힐링, 휘게, 리빙랩, 비건 운동, 재야생화 등은 깨인 소비자들이 먼저 시작한 것이다. 앤드루 맥아피가 쓴 「포스트 피크」를 보면 20세기 후반에 들어 기업과 시민들은 탈물질화의 네 가지 경로$^{(slim/swap/optimize/evaporate)}$를 통해 자원을 줄이고 있음이 확인되었다고 밝히고 있는데 이를 더 가

속할 방법은 여전히 소비 변화다.

소비를 어떻게 바꾸게 할까? 당장 자발적인 변화는 힘들다. 생존 욕망과 이기심 때문이다. 그러나 이것은 조종 가능하다. 인간은 심리적 존재이기 때문이다. 그럴 때 효과적인 행동과학의 넛지 기법이 "이웃집은 말이죠!" 비교 기법이다. 이게 행동하게 하는 기후 대응 해석점이다. 미국 클린테크 기업인 오파워는 빅데이터와 함께 이런 행동과학을 기반으로 한다. 고객사로부터 소비자 가구의 에너지 사용량 빅데이터를 받아 분석한 뒤 같은 지역의 비슷한 규모 가구 중 에너지를 효율적으로 사용한 상위 20% 가구와 평균 가구의 에너지 사용량을 그 지역의 고객들에게 우편, 이메일, 소셜 네트워크 서비스 등으로 전송한다. 이웃집은 말이야! 효과를 노린 것이다. 처음 6개월은 별로 변화가 없었지만 이후 변화가 시작되어 1.2-3%씩 꾸준히 에너지 사용량이 줄었다. 세탁기, 에어컨 설정을 바꾸거나 빈방 불을 끄는 작은 행위들이 모인 결과다. 오파워는 10여 년 전 대규모 정전 사태가 있던 캘리포니아주의 추후 연구를 벤치마킹했다고 한다. 이 연구는 "당신의 이웃 10명 중 7명은 당신보다 에너지를 덜 쓰고 있다"라는 메시지가 사람들을 변화시켰다고 보고한 바 있다.

이 해석 특이점을 소비자들이 기업에도 적용해 보라! 그리고 그에 따라 소비하는 것이다. 그럼, 자연 자원을 남획해 초저가로

소비를 부추기는 중국 기업 테무나 알리(여기에 모델을 하는 한국 연예인들은 지구 환경 무뇌?)를 기웃거리지 않을 것이며 환경과 라이더, 골목 상권 이익 착취 등에서 끊임없이 문제를 일으키는 배달앱 따위를 당당하게 소비하기에는 당근 눈치가 보일 것이다. 당근 마켓, 아름다운 가게, 알맹 상점, 중고를 쓰라는 파타고니아… 이들은 얼마나 당당한가! 이런 해석 특이점에 기초한 소비는 마법을 가져올 수도 있다. 오파워 사례는 그 일단이다. 해성이 마법을 부른다지만 그 마법도 지구가 있고 생명이 있어야 가능한 거 아닌가!

그리고 두 번째는 소비자들이 자기부터 조금씩 기호를 바꾸는 것이다. 이때 해석점은 '나부터'이다. 신제품 덜 사기, 중고 제품 나누기(지금 중산층 이상 가정에 있는 물건은, 유발 하라리 표현에 따르면 한 유목 부족이 가진 총량에 버금간다), **비행기 타기 줄이기**(비행기는 한 승객당 기차보다 5배 이상 탄소를 내뿜는다), AI 실체 알기(AI 엔진은 일반 검색 엔진보다 전기를 10배 이상 소모한다. 게다가 저작권 침해, 데이터 라벨링 노동자의 저임금 착취도 잘 안 알려진 폐해이다), 자전거 타기, 텃밭 혹은 홈 그린 만들기, 메타버스(화상) 활용도 높이기, 재택근무 늘리기, 결혼과 장례식 졸업식과 이벤트 등 대규모 인력이 몰리는 과도한 의례 줄이기, 탄소 배출형 축제 줄이기(불꽃놀이에서 쓰는 폭약은 색을 내기 위해 금속을 태움으로 공기 중 중금속 잔여 물질을 남긴다), **대형 가축 육식 줄이기**(소, 돼지, 양이 탄소 배출에서 차지하는 비중은 5%가 넘으며 이들 사료를 재배하려고 땅을 개간하면 지표 안에 있던 이산화탄소가 다량으로 배출된다. 아마존 파괴의 주된 이유가 선진국에서 소비하는 대형 가축의 사료 재배 목적이다)

등 할 것이 많다.

　마지막으로 세 번째는 위 두 번째와 연결된 것인데 미디어 세상의 혁명을 확장하는 것이다. 메타버스를 자꾸 투자 수단으로 해석하는데 내가 보기엔 이러면 지속 가능성이 약하다. 그것은 기후 위기를 막는 수단으로 해석되어야 한다. 그래야 정부 정책이나 세계 흐름이 바뀐다. 여행을 메타버스로 이용해서 하면 비행기나 자가용 이용률이 현격하게 줄어든다. 회의를 화상으로 해도 마찬가지다. 결혼식을 메타버스로 이용해서 중계하면 시간 절약, 탄소 배출 완화 효과 등이 커진다. 그 남는 시간을 소중한 가족과 보내고 자신이 사는 공동체에 쓰면 부대 효과도 커진다. 무너지는 로컬의 재생에도 크게 도움이 될 거라고 나는 확신한다.

　정리하면 결국 앞으로 지구는 경제보다 기후가 최종 해석자가 될 것이다. 「노 로고」, 「쇼크 독트린」 등 저술로 유명한 캐나다 출신의 저널리스트 나오미 클라인이 다른 모든 것에 우선해 「이것이 모든 것을 바꾼다」를 쓴 이유다. 나오미 클라인은 책 서문에서 다음처럼 쓰고 있다.

　심각한 이야기는 딴 세상 이야기인 양 행동하면 그만이다. 실제로는 겁에 질려 있더라도 겁먹을 일이 전혀 없다는 태도를 고수하면 그만이다. 그렇게 살다 보면 우리는 어느덧 우리가 그토록 두려워하던 지점에, 줄곧 외면해 왔던 그 실체에 맞닥뜨리게 될 것이다. 애써 특별한 노력을 기울이지 않아도 말이다.

36. '아무리'와 '그래도' 사이

"사막이 아름다운 것은 사막 어딘가에 샘물이 있기 때문이야."라는 아름다운 말에 우리는 삶을 오해석하게 된다. 두 가지 이유 때문이다. 사막에 샘물은 거의 없으며 둘은 설사 있다고 하더라도 보통의 우리는 그걸 찾기 전에 목말라 죽어버리기 쉽기 때문이다. 이게 보통 사람들 삶이다. 그래서 죽기 전에 자식들을 불러 놓고 "나는 못 찾았지만 너희들은…" 샘물의 희망을 대물림한다. 이건 좋은 일이다. 그러나 사막 현실에서 샘물이 별로 없다는 것은 사실이다. 샘물보다는 오물이 더 많다. 세상엔 사랑보다 많은 것이 증오, 미움, 오해, 가스라이팅이다.

얀 마텔의 원작 소설로 만든 영화 〈라이프 오브 파이〉(2013)

에서 16세 타밀족 소년 파이 파텔은 동물원을 운영하던 아버지를 따라 동물들을 태우고 캐나다로 가는 배를 탔다가 배가 난파해 구명보트에 간신히 몸을 싣는다. 부모는 다 죽고 보트에는 다리를 다친 얼룩말, 굶주린 하이에나, 오랑우탄, 오렌지 주스, 그리고 보트 아래 몸을 숨기고 있었던 벵갈호랑이 리처드 파커가 올라타 있었다. 시간이 갈수록 배고픔에 지쳐있던 동물들은 공격하기 시작하고 결국 남은 것은 파이와 벵갈호랑이 리처드 파커뿐. 파이는 벵갈호랑이와 표류를 하며 구명보트에 탔던 얼룩말 등을 잡아먹으며 표류 227일 만에 살아남았고 호랑이는 어떤 섬에서 사라진다. 일본 보험사 직원들은 파이의 이야기를 의심한다. '호랑이와 어떻게 227일을 같이? 섬에 웬 미어캣?' 그러자 소년은 다른 암시로 차마 말 못 할 실상을 전한다. 소년과 여객선 요리사 (벵갈호랑이) 외 다른 사람 몇이 구명보트에 탔고, 요리사는 그들을 죽여 인육을 먹으며 살아남은 것이며, 신비한 섬에서 만난 수만 마리 미어캣은 구더기라는. 물론 파이는 이를 명시적으로 전하지는 않는다. 보험사 직원들은 결국 두 이야기 중에 호랑이와 동물들 이야기만 기록한다.

파이 이야기에서 호랑이와 요리사는 극단적 변형이다. 이런 일은 거의 일어나지 않는다. 그러나 생텍쥐페리의 사막과 샘물 대비는 우리 일상에서 희망, 착각의 형태로 쉽게 벌어진다. 아름다운 희망인 샘물보다는 차라리 뜨거운 태양과 모래 폭풍, 전갈뿐인 사막 현실을 받아들이라고 말하는 철학자나 심리학자, 예술가들이 많다. 상상도 하기 힘든 지독한 지옥 경험 끝에 「죽음의 수용소에서」를 쓴 빅터 프랭클의 '로고 테라피', 혹은 '실존주의 상담치료'나 매슬로의 욕구 5단계 맨 끝에 자아실현이라는 욕망을 놓은 것, 북극 탐험 역사에 길이 남는 섀클턴 대장의 강인한 생존법이 그런 류다. 빛과 바람의 순례자, 폭풍의 화가라고 불리는 변시지 화가의 그림엔 그의 세속적 성공에도 불구하고 온통 홀로 남은 자의 기다림, 그리움만 있다. 인생을 좀 경험한 사람들은 그 그림을 보면 자기 삶의 정체를 보게 되고 충격을 받는다.

책이나 영화 등은 극단적인 예를 다루기 마련이다. 재미없는 사실을 알리기보다는 교훈이나 충격을 노리기 때문이다. 사람들은 거기서 "그래도 태양은 내일 다시 떠오를 거야" 믿으며 샘물을 찾으려 하나 삶은 그리 만만치 않다. 왜냐하면 우리가 기획해서 만든 것이 아니기 때문이다. 우리는 세상에 내던져진 존재이다. 안톤 체호프의 희곡들이 여전히 사람들에게 사랑받는 이유는 소시민들이 살아가는 이런 삶을 그대로 묘사했기 때문이다. 그런데 여기 트릭이 하나 숨어 있다. 이는 해석 문제다. 삶에 정말 샘물이 없는 것은 아니다. 있으나 인간은 막상 그걸 발견하자마자 바로 실망해 버리고 다른 샘물을 찾는다. 말하자면 '더 나은 샘물'. 그래서 인간의 삶은 늘 다시 시작하는 리부팅 알고리즘과 같다. 카사노바 같은 바람둥이 표현을 쓰자면 그는 늘 갈증을 느끼는데 그가 목표로 한 한 여자를 소유하는 순간 그의 눈에는 곧 다른 여자가 들어오기 때문인 것과 같다. 그가 소유한 여자를 제대로 가지기도 전에 말이다. 그에게는 그래서 샘물이 없다. 늘 한 컵의 물만 주어질 뿐이다.

아무리, 그래도

아마도 경험 많은 독자는 이 대목에서 '그럼, 그 한 컵을 샘물처럼 여기고 거기서 만족하고 살라고 얘기하겠군.' 미리 짐작할 틴데 나는 그렇게 타협하고 싶지 않다. 삶은 기본적으로 두 가지 태도다. 이것은 궁극적으로 해석의 문제이기도 하다. 하나는 "아무리 해도 안 돼, 세상은 아무리 해도 흙수저에게는 그저 그래." 들은 "그래도 뭔가는 해야지. 파랑새 꿈을 안고." 태도이다. 하나의 태도인 아무리는 다음 같은 입장이다. 모비딕 작가 허먼 멜빌이 쓴 단편 소설 〈필경사 바틀비〉에 나오는 구절처럼.

바틀비: "안 하는 편이 더 좋겠습니다."

화자: 바틀비는 워싱턴 우체국의 배달 불능 우편물 취급부서에서 근무했던 말단 직원이었는데 행정상 구조 개편으로 갑자기 해고당했다는 것이다. (중략) 생명의 심부름을 하는 이런 편지들은 죽음으

로 치닫고 있었다.

아 바틀비여! 아 인류여!

　이 순간 나는 그다지 불행하지 않다. 바틀비처럼 안 하는 편도 아니고, 죽음으로 치닫고 있지도 않다. 그렇다고 내가 영원의 샘물을 찾았다고 말함은 아니다. '샘물을 잊었기 때문에 마음이 편한 것이 아닐까?' 생각한다. 그래도 샘물이 있음을 부정하지는 않는다. 파랑새가 없는 것은 아니나, 다만 우리는 그것을 알 수 없다. 파랑새는 과연 어떤 새일까? 해석을 좀 할 줄 아는 이라면 생텍쥐페리는 사막에 사막과 샘물, 삭막함과 아름다움이라는 이분법으로 독자를 오도했음을 알 것이다. 사막엔 별도 있고 바람도 있고 절대 고요와 모래바람, 사진보다 황홀한 모래언덕도 있고 전갈들 이야기도 있다. 삶은 이분법으로 설명할 수 없다. 그러니 그런 해석도 경계해야 한다. 색이 백과 흑 둘만 있는 게 아닌 것처럼.

　삶이란, 사막이 있으니 '그래도' 걸어야 하는 것처럼, 세상에 던져졌으니 그냥 사는 거다. 그게 삶에 대한 내 해석이다. 욕망, 그 무시무시한 놈이 내 뇌에 암각화처럼 새겨져 있으니 그걸 부정하지 않고 인정하는 편이 낫다고 생각한다. 지나친 도덕감, 정의감, 욕망의 추구, 매혹에의 탐닉 이런 것들을 그냥 인간 존재의 디폴트값으로 받아들이고 거기에 고민하거나 자책하거나 아니면 남을 파멸시키면서까지 얻으려고 하지 않으면 마음은 헨리 조지 소로우가 찾았던 '월든' 언저리에서 쉬게 된다. 이런 상태까지 오는 게 그리 편치는 않았다. 나는 꽤 열심히 산 편에 속한다. 그렇다고 아등바등하지는 않았다. 천성이 좀 둔해서이다. 욕심도 그다지 많지는 않다. 어릴 때 힘들게 커서 그냥 가족이 좀 평안하고 남들 사는 평균 나이 정도만 살고, 돈은 집에 매달리지 않고 후배들한테 술값은 내줄 정도, 자식들은 점점 크면서 삶의 뜻을 이해하며 성숙해 가기를 바라는 정도다. 이건 대충 이뤘다. 거기에 분에 넘치게도 일부 명성도 얻었다. 책도 여럿 썼으니 어쨌든 반딧불 이름은 남을 것이다. 아직 미련은 남았다. 더 가야 할까?

삶은 적당한 지점에서 멈추는 게 현명한 거라고 생각한다. 노자도 적당한 나이에 중원을 등지고 새북塞北으로 떠났다. 론 하워드 감독의 영화 '하트 오브 더 씨'(2015)는 모비딕의 프리퀄인 영화다. 여기서 고래는 유혹이고 악마의 흰고래는 심판관이다. 영화 중 주인공인 일등 항해사 오웬 체이스는 누구보다 항해 베테랑이고 고래잡이에 능하다. 책임감과 열정 그리고 고래를 잡겠다는 승부 욕구도 강하다. 배는 결국 흰고래에 받혀 침몰한다. 그러나 그는 소설 〈모비딕〉과는 달리 아내와 아이가 기다리는 집으로 돌아가는 꿈을 꾼다. 그래서 어떻게든 살아남았고 어린 선원 니커슨(14세 선원으로 살아남아 소설가 멜빌에게 그들의 표류와 생존 비밀- 죽은 선원의 사체를 먹고-을 말해준다. 멜빌은 이 이야기를 듣고 몇 년 후 〈모비딕〉을 출간해 나다니엘 호손으로부터 "호메로스의 서사시에 필적할 대작"이라는 평을 받는다)을 지켜줬고 진실을 말하여 최소한의 명예를 지키고는 미련 없이 포경 항해사 자리를 떠난다. 소설 모비딕처럼 극적이지 않다. 그러나 삶에는 더 자연스럽다. 꺾인 걸 받아들인다. 이처럼 나한테 맞는 것을 골라가야 한다. 목숨을 걸고 더 가는 순간 삶은 반드시 과부하가 걸리게 되고 간신히 찾은 샘물에 '그래도' 고마워하지 않게 될 것이니까. 때로는 어딘가 거기서 멈추는 것이 좋다.

후기

여기까지 같이 온 독자들에게 박수를 보내며 마지막으로 이 책의 핵심을 요약한다.

하나, 해석은,
— '관점을 달리',
— '자신에게 좀 더 좋은(혹은 새로운) 쪽으로',
— '상식적이고도 실천적인 현실 대안 찾기'를 하는 것이다.

둘, 관점-의미 부여-실천으로 이어지는 해석의 정의와 '해석 특이점'이라는 용어를 기억하자.

셋, 멋진 해석을 하려면 일곱 개 과정이 필요하다.

1. 내가 아는 어떤 관념이나 상식과는 다른 해석이 저기에 있을 것이라고 일단 믿어보자.
2. 그 믿음을 강화하기 위해 해석을 달리 한 멋진 동서고금 사례를 많이 익혀두자. 그들이 했다면 나도 할 수 있다. 그럼 믿음이 강해진다. 당연히 실행 의욕도 커진다.
3. "이거 맞아?"라는 물음을 던져라. 물음은 사회적 파괴를 주목할 때 나온다. 사회적 파괴는 큰 파괴와 작은 파괴가 있다. 혼족, 90년생, 국지 전쟁 등은 작은 파괴고 기후 이상, 환경 파괴, 사회적 양극화, 세계적 금융 저항 등은 큰 파괴이다. 큰 파괴를 잡아야 큰 성공을 이룰 수 있다.
4. 위의 질문을 바탕으로 해법을 찾을 때 먼저 문제를 해체하라. 그래야 새로운 해석이 가능해진다. 손안에 든 그걸 그대로 두고는 새로운 해석을 할 수 없다.
5. 해체한 후에 관점을 정해 그걸 다시 조립하라. 사물이나 현상을 위에서, 아래에서, 안에서 그리고 반대편에서도 보라. 그러면 해석이 달라진다.
6. 그리고 그 해석이 세상, 혹은 내 생을 더 진일보시키는지 판단해 보라. 그게 아니라면 억지 해석이나 사이코패스가 될 수도 있다.
7. 마지막으로 배짱grit을 가져라. 다른 해석을 하고 그것을 표

현하려면 배짱이 필요하다.

넷, 세상에 영향을 미치는 좋은 해석은 적합성, 차별성 그리고 탁월성이라는 세 요소를 갖추어야 한다.

이 책은 멋지든 멋지지 않든 일단 세상을 내 눈으로 해석하는 시도를 지지한다. SNS를 맹종하고 좋아요, 공유, 관종짓만 하면서 주체적 해석을 하지 않는 것은 무조건 위험하다. 이제 AI가 그 자리를 덮을 것이다. 그들 AI 종족이 점점 늘고 있으니 해석하지 않는 인간은 더 위험해졌다. 일단 해석의 태도가 생기면 다음부터는 세상을 바꾸는 더 나은 해석을 노력해야 한다. 그 노력이 쌓이면 세상은 마법이 펼쳐진 것처럼 변한다.